Gerrit de Veer

Diarivm Navticvm

Gerrit de Veer

Diarivm Navticvm

ISBN/EAN: 9783741142116

Manufactured in Europe, USA, Canada, Australia, Japa

Cover: Foto ©Thomas Meinert / pixelio.de

Manufactured and distributed by brebook publishing software
(www.brebook.com)

Gerrit de Veer

Diarivm Navticvm

DIARIVM NAVTICVM,

seu

VERA DESCRIPTIO

Trium Navigationum admirandarum, & nunquam auditarum, tribus continuis annis factarum à Hollandicis & Zelandicis navibus,

ad Septentrionem, supra Norvagiam, Moscoviam & Tartariam, versus Catthay & Sinarum regna: tum ut detecta fuerint VVeygatz fretum, Nova Zembla, & Regio sub 80. gradu sita, quam Groenlãdiam esse censent, quam nullus unquam adijt. Deinde de feris & trucibus vrsis, alijsque monstris marinis, & intolerabili frigore quod pertulerunt. Quemadmodum praeterea in postrema Navigatione navis in glacie fuerit conserta, & ipsi nautæ in Nova Zembla sub 76. gradu sita, domum fabricarint, atque in ea per 10. mensium spatium habitarint, & tandem, relictâ navi in glacie, plura quam 350. milliaria per mare in apertis parvis lintribus navigarint, cum summis periculis, immensis laboribus, & incredibilibus difficultatibus.

Auctore GERARDO DE VERA Amstelrodamense.

AMSTELREDAMI,

Ex Officina Cornelij Nicolaij, Typographi ad symbolum Diarij, ad aquam.

Anno M. D. XCVIII.

ILLVSTRI VIRO
IOANNI VINCENTIO PINELLO,
C. C. A.

NOn dubito, illustris Pinelle, quin magnam voluptatem ceperis lectione Diarij Nautici, superiore Aprili à me tibi missi, quo Batavorum Navigatio ad lævam maiorem describitur, eaque prima quam versus Orientem tentare ausi sunt, non sine multorum admiratione, & plurimorum invidiâ ægre ferentium, illam Navigationem ab ijs etiam esse susceptam & satis feliciter peractam, quos perditos cuperent. Ipsi tamen, non contenti, se eius Navigationis notitiam percepisse, quæ hactenus trita & familiaris fuit solis Lusitanis, aliam porrò adgressi sunt, quâ per Septentrionem in Orientem pervenire possent, penetrato VVeygatz freto (quod Nassovicum in Illustrissimorum Nassoviorum honorem appellarunt) Novam Zemblam à Russia separante, & superatis glaciali mari, Promontorio Tabin, ipsaque adeo magnâ Tartaria. Et licet tribus continuis annis navigationes diversæ fuerint institutæ magno fortique animo, voti tamen compotes fieri nequiverunt, ob multas variasque difficultates quæ illis obortæ sunt.

Eas porrò Navigationes vernaculo huius Provinciæ sermone conscripsit, qui postremis duabus interfuit, atque hoc anno publici iuris fecit. Exemplar nactus, eius lectione mirificè sum delectatus, ob magnā rerum, quæ eo libro continentur, varietatem. cumque non dubitem, quin æqualem voluptatem sit tibi allatura, si sermone, quem intelligas, scriptus esset, pro ea quæ inter nos est amicitia, inque tuam gratiam, succesivis horis Latinum facere volui, existimans plerisque etiam alijs non ingratum hunc laborem futurum, qui Belgicæ linguæ sunt ignari.

Nam licet valde celebrata sit à Veteribus Argonautarum navigatio: si tamen cum istâ conferatur, ludus censebitur. Quis enim, ante Hollandos, per 13. mensium spatium, ab omni hominum consortio segregatus, rerum omnium inopia pressus, rigidissimo cœlo intensissimum gelu pertulit, sub Poli arctici 76. graduum altitudine in vasta solitudine ædes fabricavit, in quas se reciperet, ut ab aëris inclementia se tueretur, in illis ipsis identidem altissimâ nive sepultus, ac totis fere decem mensibus inclusus? Quis navem densissima glacie constricta deserere coactus, per quadringēta pæne milliaria scapha non tecta sese tam sævo mari committere ausus fuit, subinde in glaciei fragmenta adeo vasta & ampla incidens, vt in illa totam supellectilem exponere, deinde super illa scapham moliri, postremo, per aliquot centenos passus pertrahere non semel oportuerit, donec ijs superatis denuo in apertam aquam & glacie minime adstrictam pervenire posset? Taceo feroces, truculentos & ingentis magnitudinis ursos, atque beluas marinas, cum quibus sæpenumero fuit dimicandum. Omnes tamen has ærumnas, labores & admirandas difficultates forti magnoque animo superarunt, non sine benigna Divini numinis protectione & favore, ut ex huius Diarij lectione cuilibet manifestum erit.

Ut verò hic Auctor describendum suscepit, quid singulis penè diebus eis acciderit, necessario pleraque fuerunt illi repetenda, ventorum nimirum mutationes, cæli regiones ad quas convertẽda vela: sæpe etiam nauticis vocabulis utendum ipsi fuit, ad ea quæ volebat melius exprimenda: quæ tamen omnibus nota non sunt, præsertim illis qui Navigationibus non sunt assueti, aut cum Nautis raro sunt versati. Eam ob causam difficile fuit puro sermone Latino omnia exprimere, sed quasi ad verbum fuerunt reddenda, imo pleraque etiam circumlocutione explicanda.

Boni igitur consulas rudem atque impolitam hanc meam versionem, fidam tamen, plurimum te rogo, atque à Deo opt. max. diu incolumem servari te opto, Lugduni apud Batavos nonis Iulij M. D. XCVIII.

NAVI-

NAVIGATIONIS
AD SEPTENTRIONEM
PRIMA PARS.

QVAMADMODVM vix quidquam excogitari aut inveniri potest, quod reipublicæ utilitati magis conferat (præsertim in his regionibus) quàm ars navigandi, quoniam qui potentes mari sunt, ad se pertrahere queunt omnia sibi necessaria, unde terræ fructus ad vitam sustentandam. Nam illa ratione ab extremo orbe omnia sibi necessaria advehere possunt, & contra eo evehere ea quibus abundant, quæ omnia per Navigationis commoditatem nulla difficultate exequi licet. Vt porro Navium apparatus in dies paulatim augescit (non modo cum admiratione eorum qui navigationem & apparatum navium, nostrorum avorum tempore conspexerunt, sed etiam eorum, quibus in memoria factam, eius ea quæ nunc sit, conferunt) sic etiam singulis diebus novæ navigationes instituuntur, quæ non prima, secunda, aut tertia vice, sed postea duntaxat adoptatum finem perducuntur, & tum demum navigationum earum fructus percipiuntur. Neminem igitur tædere oportet laboris & difficultatum quæ impenduntur, tametsi non prima navigatione, sed altera duntaxat, vel etiam tertia, aut etiam tardiore demum consequatur desideratum finem. Nam quis labor utilior & laudabilior censendus est, eo qui ad communem utilitatem impenditur, licet insipientibus, cavillatoribus & calumniatoribus initio inanis conatus appareat, quando eius finis utilem exitum habeat? Si enim præclari illi Nautici Columbus, Cortesius, & Magellanus, atque alii plerique qui procul dissitas regiones & regna detexerunt, prima, secunda, aut tertia profectione, quæ illis incommode cessit, institutum deseruissent, sui laboris fructum nullum postea fuissent consequuti.

Alexander magnus, post quam à Græcia minorem & majorem Asiam occupasset, & in extrema India in magnas difficultates incidisset, quodam loco dixit: Nisi tentassemus ea quæ aliis videbantur impossibilia, in Ciliciæ limitibus adhuc hæreremus, cùm nunc omnes has amplas regiones occupaverimus. Nihil enim simul inventum & ad perfectionem productum est, nihil simul inceptum & absolutum. In hanc sententiam Cicero præclarè dicit; Deus uni viro non concessit omnia, ut possent relinquere, in quo se exercerent. Propterea in medio cursu consistendum non est, quamdiu aliquid superest quod ad rem faciat, aut sperari potest: nam maiores thesauri inventu difficiliores sunt. Sed, ne longius à proposito discedamus, quantum ad quotidianam procurationem istius Navigationis, quæ non sine magnis impensis, difficultatibus & laboribus absoluta fuit, supputatione facta, post quam longos & difficiles labores, & damnosas commutationes, Navigatio in Orientalem & Occidentalem Indiam, Americam, Brasiliam, & plures alias Provincias, per fretum Magellanicum, & australe mare, superando semel atque iterum æquinoctium, atque alias præterea inauditas regiones & Insulas demum sit peracta. Consideremus Album mare, in quo nunc adeo frequens est navigatio, ad Septentrionalem Moscoviæ partem, cum quanta sollicitudine & periculo fuerit illud initio apertum. Quid eam navigationem nunc adeo vulgarem & facilem effecit? non ne eadem & perinde longa navigatio est, quæ fuit ante quam probè cognita & peracta esset? est sane, sed rectus cursus qui ante investigandus fuit per obliquas navigationes maris ex una Provincia in aliam, & nunc directè institui potest, illam navigationem ex difficili facilem reddidit.

Hæc pauca ad Lectoris brevem instructionem præfari libuit, quia tres Navigationes ad Septentrionem describere constitui, quæ tribus continuis annis susceptæ fuêre ultra Norvvegiam & Moscoviam, versus regna *Cathay* & *Sinarum* (quarum duabus postremis interfui) tametsi non habuerint eum exitum quem speraveramus. Primum, ad demonstrandum nostrum diligentem & sedulum laborem in conquirendo recto cursu, quem assequi nequivimus, ut sperabamus & optabamus, & fortitan etiam consequuti fuissemus per obliquas navigationes, si rectum tramitem tenere potuissemus, quem & glacies, & temporis angustia, & graves tempestates impediverunt. Deinde, ad obturandum os illis, qui nostrum conatum inanem & insipientem esse aiunt, in posterum tamen utilitatem fortasse allaturum. Nam minime ridendus est is qui illud tentat quod impossibile videtur: sed is qui ob socordiam nihil tentare vult, quia fieri non posse videtur. Comperimus quidem maximum impedimentum obiectum esse nostræ navigationi, abundantem glaciem, quam circa *Novam Zemblam* ad elevationem 73. 74. 75. 76. habuimus, non autem adeo magnam, in ipso mari alto reperiremus: unde apparet, non Poli Arctici vicinitatem, sed glaciei in Tartaricum mare influentis & tollentis circa *Novam Zemblam* maximum frigus nobis intulisse. Cum igitur Poli vicinitas maximo frigore nos non afficeret, si institutum cursum prosequi licuisset, ad aquilonem fortè aliquem transitum reperire potuissemus, quem cursum à *Nova Zembla* tenere non potuimus, quia illic in glaciem incidimus, & quidem ea continuo

Vt Navigatio paulatim in dies augeatur, sic etiam alia res nova tempore deteguntur.

Diligentia, constantia & labore omnia consequuntur.

Impossibile videtur quod nondum factum est.

Omnia non perfecta simul inveniuntur.

Quod initio difficile & arduum videtur, facile reddit.

Intentio ardua est, sed utilis.

Non Poli vicinitas, sed glacies frigus intulit.

circa

circa *Novam Zemblam* fore nequivimus, donec periculum fecissemus, atque cum jam nos experti essemus, nostrum cursum mutare non licuit: nihilominus incertum est quid nobis contingere potuisset, si ad Arctapeliotem cursum direxissemus, quia nemo adhuc istam navigationem tentavit. Verum quidem est in ea regione quæ Polum 80. gradibus elevatum habet (quam Groenlandiam esse arbitramur) frondes & gramen crescere, quibus animalia graminivora ut rangiferi, cervi, & similia vescuntur, contrà autem in *Nova Zembla* nec frondes, nec gramen crescit, in qua etiam nulla animalia præter carnivora reperiuntur, qualia ursi, vulpes, tametsi *Nova Zembla* à Polo versus Austrum 4.5. aut 6. gradibus magis tendat quàm regio ista supra dicta. Præterea notum est ad australe & boreale latus æquatoris Solem utrinque, inter ambos Tropicos 23. graduum elevatione cum tenuisse, perinde calidum esse atque sub æquatore. Quid igitur mirum si circa Polum arcticum utrinque æqualibus gradibus non minor esset frigoris rigor quam sub ipso Polo? Illud non propono tanquam certum, quia frigoris in utroque latere Poli antici non est factum experimentum, quemadmodum caloris in australi & boreali parte æquatoris. Hoc duntaxat inferre volo, quod cum nos propositum & directum cursum ad Arctapeliotem non tenuimus, non sit propterea judicandum, frigus navigationem nostram istac impedivisse: non enim mare, nec Poli vicinitas, sed glacies circa continentem reperta impedimento nobis fuit, ut dictum est. Nam illico atque à continente in mare pervenimus, tametsi Polo viciniores essemus, statim calorem denuo sensimus. Atque ob istam subitam mutationem exstinctus est noster Nauclerus Wilhelmus Barentsz, qui non obstante molestissimo & in-

Caloris sub Æquatore & rigoris sub Polo arctico comparatio.

Deinde navigatum ab aurora ad meridiem usque servato cursu versus Caeciam per tria aut quatuor milliaria, Notapeliote impetuose flante, adeo ut dolonem exuere oporteret, & cum unico velo demum pro orthiace flucheant nebuloso aere ad vesperam usque per tria aut quatuor milliaria, servato cursu ad Subsolanum, & Hypereurum deinde converso vento in Notozephyrum, circiter quintam pomeridianam jacta est bolis ad 120. Orgyias, nec repertus fundus.

Sub vesperam aeris facta est serenitas, & navigatum secundo vento Caecia tribus horis fere per quinque milliaria, tum denuo aer tot[illegible] nebulosus ut progredi non auderent, & conversione facta ad ventum, bolis jacta ad 125. orgyias fundusque repertus nigri luti. Id factum die Dominico mane tertia Iulij, cum Sol in Aphelapeliote esset. 3. Iulij

Inde navigarunt versus Caeciam per octo milliaria, donec Sol esset in Notapeliote, & jacta bolide ad 100. orgyias fundus repertus lutosus niger, tum sumpta Solis altitudine, inventa est 73. graduum & 6. minutorum, atque illico jacta bolide ad 130. orgyias, repertum nigrum lutum.

Postea adhuc navigatione facta versus Caeciam per sex aut septem milliaria, donec Sol esset in Antizephiro.

Dominico die qui incidit in 3. Iulij fuit valde serenus aer & ventus Notozephyrus, *Wilhelmus Barentz* venti meridianum inquisivit hac ratione.

NOTA.

Solis altitudinem radio astronomico dimensus est, cum esset in Notapeliote, ubi eum exaltatum invenit 32. gradibus cum semisse, & praetergressus erat Mesargesten cum eandem altitudinem 28. cum semisse supra Horizontem adhuc obtineret, ut differentia duntaxat esset quinque rhomborum cum semisse, qui divisi, remanent [illegible] duo rhombi & tres quadrantes rhombi, sic ut pyxis nautica immutata esset binis rhombis cum tribus rhombi quadrantibus, eodem die apparuit, cum Sol in summa sua exaltatione esse medio fere inter Austro-Africum, & Hyperlybonotum: nam Sol antequam occumberet pervenerat ad Hyper[illegible]notum, & compererat 73. graduum altitudinem & 6. minutorum. Denuo navigarunt versus Mesocaeciam per quatuor milliaria usque ad diem quartam Iulij mane, tum jacta bolide ad 127. orgyias, repertus fundus lutosus: Noctem sequentem occuparunt nebulae, & aurora Subsolanus flavit. Deinde navigarunt versus Hyperzonnotum, donec Sol in Oriente esset, & jacta bolide ad 100. orgyias, nigrum lutum repertum. Tum se ad Septentrionem convertentes, navigarunt versus Boream, & Mesaboream per sex milliaria, donec Sol Austro-Africum attigisset, tum conspecta *Nova Zembla* sex aut septem milliaribus ab eis dissita versus Mesaurum illic fundus lutosus niger repertus 205. orgyiarum, 4. Iulij

Deinde converso cursu ad Austrum navigarunt versus Mesolybonotum per sex milliaria usque ad Solem existentem in Cauro, ubi profunditas 88. orgyiarum, terra lutosa ut praecedens, ventus ab Notapeliote.

Postea converso cursu ad Orientem, navigarunt versus Hypereurum per sex milliaria. Tum *Wilhelmus Barentz* dimensus est Solem quarta Iulij sub vesperam astronomico suo radio, cum eius esset infima declinatio, videlicet inter Boream & Mesoccidentem elevatio erat supra Horizontem sex graduum & [illegible] ejus declinatio erat 22. grad. & 53. minutorum, ex quibus deducta elevatio, remanent 16. gradus 53. minuta seu scrupula, quae subducta [illegible] remanent 73. gradus minuta 25. Id factum est circiter quinque aut sex milliaria a *Nova Zembla*. Nota

Rursus converso cursu ad Orientem & navigantes versus Hypereurum & vulturnum per quinque milliaria, pervenerunt ad oblongum cuneum, cui dederunt nomen *Langenes*, atque in ipso cuneo versus Orientem erat magnus Sinus, in quem ingressi cum cymba continentem petierunt, sed nulla hominum vestigia observarunt. 5. Iulij

Tribus aut quatuor milliaribus a *Langenes* versus Caeciam erat humilis angulus sive cuneus, & uno milliari ad orientem ejus cunei, magnus Sinus; atque ad orientem ejus Sinus scopulus partim supra aquam eminens, ad occidentem vero ejusdem Sinus [illegible] collis ad commode dignoscendum. A [illegible] Sinum profunditas erat 30. orgyiarum, & fundus nihil nisi parvi nigri lapilli magnitudine pisorum. A *Langenes* usque ad Promontorium humile, appellatum Capo baxo, versus Caeciam, sunt quatuor milliaria.

A *Capo Baxo* usque ad Occidentalem angulum Sinus dicti *Lombsbay* versus Hypercaeciam, sunt quinque milliaria, inter quae bini anfractus. *Lombsbay* amplus est Sinus, ad cujus Occidentale latus egregius est portus sex, septem, octo orgyias profundus, arena nigra: istic cum liburnica excensionem fecerunt, & posuerunt in [illegible] veterem malum, quem istic repererunt. Hanc Sinum *Lombsbay* appellarunt a genere quodam avium *Lombs* [illegible], quarum illic magnam frequentiam invenerunt.

Orientale cornu Sinus *Lombsbay*, humile est & ignobile, cui vicina est parva Insula in mare procurrens praeterea ad Orientem ejus humilis cornu, latus & amplus anfractus. Sinus vero ille *Lombsbay* 74. graduum [illegible] altitudinem habet.

A *Lombsbay* ad cornu Insulae cui Admiralitatis nomen dederunt, vela fecerunt versus Mesoboream per sex aut septem milliaria. Admiralitatis porro insula inelegans est ad Orientale latus, sed procul plana, longoque spatio fugienda. Praeterea valde inaequalis est, uno enim jactu inveniebatur profunditas 10. orgyiarum, statim altero duntaxat 6. & subito deinde 10. & 12. & eiusdem [illegible] [illegible] in pulvinum.

Ab Orientali latere Admiralitatis Insulae ad Promontorium nigrum navigarunt Caeciam versus circiter quinque aut sex milliaria. Uno milliari extra Promontorium nigrum fundus erat lutosus quemadmodum in Pamphilo

ad

ad 30 orgyias. Recta ad Orientem Promontorij nigri sunt bini acuminati montes in Sinu, qui facile dignosci possunt.

6. Iulij. 12. Iulij, Sole in Aparctia existente pervenerunt juxta Promontorium nigrum claro & nitido cælo, situmque est 75. graduum altitudine & 20 minutis.

A Promontorio nigro usque ad Willielmi Insulam navigarunt per septem aut octo milliaria versus Caciam, ubi repererunt parvam Insulam circiter dimidio milliari inter utramque.

7. Iulij. 13. Iulij discesserant à *Willelmi* Insula, & *Willelmus Bernardi f.* magno suo astrolabio scrutatus est Solis altitudinem, quam comperit esse supra Horizontem in Hyperiboreo 53. graduum 5. minutorum. Cui declinatio erat

Nota. 21. graduum 49. minutorum, quæ conjuncta cum 53. gradibus & 5. minutis, simul conficiunt 75. gradus 54. minuta. Hæc erat vera altitudo Poli ejus Insulæ. In eadem Insula repererunt multa ligna Holandiæ & frequentes Rosmaros *Walrusch* à nautis appellatos, belluas in mari commorantes magnosque dentes habentes, quorum usus est eboris loco. Ibi etiam bona Navium statio 12 aut 13. orgyiarum, tuta ab omni vento, præterquam ab Africo atque Favonio; ibi etiam repererunt fragmentum navis Russicæ.

8. Iulij. 14. Iulij habuerunt ventum Caciam & cœlum nebulosum.

9. Iulij. 15. Iulij navigarunt in *Ysf* propugnaculum dictum, sub *Willelmi* Insula in tutum stationem, ubi repererunt ursum album, quo conspecto, statim nautæ in suam scapham sese receperunt, atque globo traiecerunt: nihilominus [illegible] suas vires demonstravit quæ fere omnium animalium vires superant, quales neque de Leone, neque de alia quavis feroce fera unquam audiçe sunt; nam licet globo trajectus, assurgens tamen & in aquam desiliens natabat, ipsi autem nautæ scapham remis agentes eum persequuti sunt, & laqueo in collum eius injecto, ipsum inhonestè ad navem, remigantes reducebant: quia cum similem ursum nunquam conspexissent, arbitrabantur se eum vivum in navem pertracturos & deinde in Hollandia pro monstro demonstraturos: sed ille suas vires

Hæc Chorographia declarat Navigationem a Holandis [illegible]

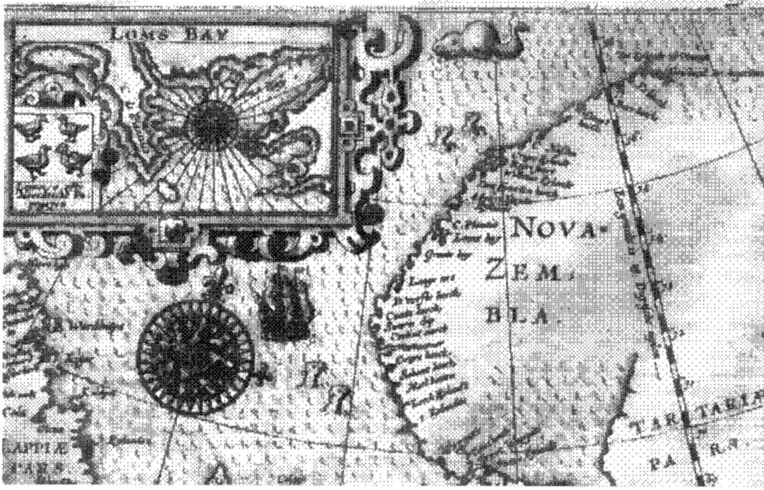

[illegible]

adeo excivit, ut pro beneficio acciperent se ab eo liberatos, & ejus pelle contenti fuere. Nam tales clamores edidit & tales vires exeruit, ut vix referri queant: itaque eum quiescere aliquantulum relinquentes, & funem quo religatus erat laxantes, seniter eum traxerunt, ut defatigaretur: & Willelmus Bernardi f. interdum fuste eum percutiebat, sed ursus adnatans ad scapham, pedem in eam injecit, tum Willelmus, paulum quiescere vult, inquit, sed aliud cogitabat ursus nam tanto impetu in scapham incubuit, ut jam dimidio corpore in illam conscenderet: quare adeo consternati fuerunt, ut in anteriorem scaphae partem profugerent, & fere de salute desperarent, sed admirabili casu liberati fuerunt, quia funis seu laqueus ipsius collo injectus paxillo clavi sive gubernaculi inhaesit, ut ulterius progredi nequiret, atque ita retineretur. Tum itaque implicatum quidam ex nautis animum recipiens ex anteriore scaphae parte rediit, & dimidia tarisa ursum protrusit ut in aquam relaberetur, & remigantes versus navem ipsum pone trahebant, donec postea viribus destitueretur, tum eum mactarunt, excoriarunt, & pellem Amstelrodamum retulerunt.

10. Iulij à Propugnaculo ursi Insulae *Willelmi* vela fecerunt, & eodem die mane, ad Insulam Cruciferam pervenerunt, ad quam cum liburnica appulerunt, sed eam sterilem & valde saxosam repererunt: ibi inventum exiguum portum cum liburnica remigantes ingressi sunt. Haec autem insula circiter milliare longa ab Oriente in Occidentem porrecta, ad Occidentem habet saxeam linguam parte 3. partem milli. longam, ad ortum verò aliam etiam saxeam linguam. In eadem insula binae sunt magnae cruces, eaque distat à continente fere 2. magnis milliaribus, & sub Orientali angulo est commoda Navium statio ad 26. orgyias fundo firmo & propinquiore litori loco, ad 9. sabuloso fundo. 10. Iulij.

Ab insula Crucifera usque ad cuneum *Nassovianum* navigarunt versus Subsolanum & Meloceciam per 8. circiter milliaria. Humilis & planus est ille cuneus, quem fugere oportet, quia illic sunt brevia 7. orgyiarum procul à continente, situs autem est circiter 76. graduum & semissem.

Ab Occidentali fine *Willelmi* Insulae usque ad Insulam Cruciferam sive Crucis, sunt tria milliaria, cursus dirigendus versus Arctapeliotem.

A cuneo Nassovianum via deduxit versus *Hyperarcti* & Vulturnum per quinque milliaria, tum existimantes se terram conspicere ad Hyperarcticum illi objectam, eo navigarunt per quinque milliaria cursum versus Arctapeliotem dirigentes, ad eam observandam, putabant enim illam terram esse ad Septentrionalem *Novae Zembliae* partem

flaret: sed exorto tam vehementi vento ab occidente, ut summum velum sive Thoracium deducere deberent, etiam cum magis insurgeret ventus, omnia vela statim colligere oportuerit, atque mare adeo concitatum erat, ut per sedecim horarum spatium sine velis ferrentur versus Caciam per octo aut novem milliaria.

11. Iulij. XI. Iulij magno undarum fluctu eorum navis achtaria fuit depressa, & amissa, deinde que sunt sine velis, cursum dirigentes versus Hypercaurum per quinque milliaria, & cum Sol pene esset in Notapeliote, conversus est ventus in Arctozephyrum, oppidoque tempestas aliquantulum sedari: sed cælum valde nubilosum. Tum deinde sublatis velis navigarunt, donec Sol sub noctem in Hyperborea esset, per quatuor milliaria, ubi profunditas erat 60. orgyiarum lutoso fundo, atque animadverterunt glaciei fragmenta.

12. Iulij. XII. Iulij sese converterunt ad Occidentem, cursum dirigentes versus Arctozephyrum, & navigarunt milliare nebuloso aere flante Arctozephyro. Deinde navigarunt versus Africum, ad investigandam navem alteram per tria aut quatuor milliaria, cursum sæpe convertentes. Postea converterunt se denuo secundum venti flatum & navigarunt per quatuor milliaria versus Notapeliotem, donec Sol esset in Notozephyro, tum pervenerunt proximè ad Continentem *Novæ Zemblæ* quæ extenditur à Mesocæcia ad Hyperlybem. Inde denuo se converterunt, usque ad tertiam pomeridianam per tria milliaria versus Hyperthraciam.

Navigarunt præterea à tertia pomeridiana, donec Sol esset in Arctozephyro, per tria milliaria, cursum tenentes versus MesoThraciam. Tū converterunt se ad Orientem, & vela fecerunt per quatuor aut quinque milliaria versus Hypercæciam.

13. Iulij. XIII. Iulij nocte inciderunt in magnam glaciei quantitatem, quam latè ex corbe prospicere poterant, ut totum æquor esset glacie constratum, propterea convertentes se à glacie ad Occidentem, navigarunt circiter quatuor milliaria cursum tenentes versus Africum, donec Sol pervenisset ad Mesocæciam, & *Novæ Zemblæ* continentē conspicerent sibi obiectum ad Euronotum.

Deinde denuo se convertentes ad Aparctiam navigarunt donec Sol esset in vulturno per bina milliaria, atque rursus in plurimam glaciem inciderunt, deinde vela facientes cursum tenuerunt versus Hyperlybonotum per tria milliaria.

14. Iulij. XIIII. Iulij denuo se converterunt ad Aparctiam, & velificantes cum 2. velis, demptis appendicib. versus Hyperboream & Aquilonem per 5. aut 6. milliaria, usque ad altitudinem 77 graduum cum tertia parte gradus, rursus in glaciem inciderunt adeo latum spatium occupantem, quantum oculorum acies prospicere potuit, iacta bolide ad 100. orgyias nullus repertus fundus, & Caurus vehementer flabat.

Inde ad Austrum se convertentes, vela fecerunt, versus Austro-Africum per 7. aut 8. milliaria, & denuo apud Continentem pervenerunt qui dignosci potuit ex 4. aut 5. præaltis montibus.

Tum rursus convertentes se ad Aparctiam, vela fecerunt usque ad vesperam versus Aparctiam per sex milliaria, sed denuo in glaciem inciderunt.

Inde iterum convertentes se ad Austrum velificarunt versus Mesolybonotum cursum tenentes per sex milliaria, atque denuo ad glaciem pervenerunt.

15. Iulij. XV. Iulij rursus ad Austrum se convertentes & eundem cursum quem supra tenentes per sex milliaria, demum ad Continentem *Novæ Zemblæ* pervenerunt cum Sol esset in Arctapeliote mane.

Inde iterum se convertentes ad Aparctiam, velificarunt versus Hyperboream cursum dirigentes per septem milliaria, & denuo in glaciem pervenerunt.

16. Iulij. Tum XVI. Iulij rursus ad Austrum se convertentes, cum Sol circa Favonium esset, navigarunt cursum dirigentes versus Austro-Africum & Hyperlybonotum per octo aut novem milliaria.

17. Iulij. XVII. autem Iulij ad Aparctiam se convertentes vela fecerunt versus Hyperboream per 4. milliaria deinde ad Occidentem cursum tenentes versus Hyperlybem per 4. milliaria, & iterum versus Circium, tum se convertit ventus ad Aquilonem, ingenti aborto gelu.

Tunc sese convertentes ad Orientem, vela fecerunt usque ad meridiem versus Subsolanum per tria milliaria, deinde versus Hypereurum, alia tria milliaria.

Inde denuo ad Boream se convertentes sub noctem vela fecerunt versus Hyperboream per quinque milliaria

18. Iulij. usque ad 18. Iulij mane. Et navigantes versus Hyperthraciam per 4. milliaria, inciderunt in maximam quantitatem fragmentorum glaciei, ut inde ad Austrum convertere nos oporteret, iacta bolide cum vicini essemus glaciei ad 150. orgyias, fundus non repertus.

Tum sic ignavescentes per duas horas versus Notapeliotem, & Vulturnum nebuloso aere, pervenerunt ad æquor glaciei quod oculorum acie superare non poterant, nullo quidem vento spirante, sed urgente gelu, atque secundum glaciem navigantib. fere per duas horas tam densa nebula supervenit, ut quæ circa ipsos essent non conspicerent, & ferrentur versus Notozephyrum per bina milliaria.

Eodem die dimensus est *Wilhelmus Bernardi f.* Solis Altitudinem suo Astrolabio, & comperit Polum elevatū esse 77 gradibus, & quadrante, navigantesque versus Austrum per sex milliaria, continentem conspexerunt sibi obiectam ad Austrum.

19. Iulij. Tū vela fecerunt usque ad 19. mane versus Africū per 6. aut 7. milliaria flante Arctozephyro cælo nebuloso, deinde

deinde versus Notozephyrum & Mesolybem cursum tenentes per septem milliaria. Solis altitudine existente 77. graduum minus 5. scrupulis, deinde navigantes illhuc per duo milliaria versus Notozephyrum pervenerunt iuxta continentem *Novæ Zemblæ* circiter *Promontorium Nassovianum*.

Inde convertentes se denuo ad Septentrionem, & cursum versus Septentrionem retinentes per octo milliaria, flante Coro & nebuloso aëre, & adhuc 20. Iulij, mane cursum tenentes versus Mesoboream per minimum quatuor milliaria: circiter autem Solem in Oriente existentem iterum se convertentes ad Zephyrum, vela fecerunt usque ad noctem cursum tenentes versus Notozephyrum per quinque aut sex milliaria nebuloso cælo, deinde versus Hyperlybonotum per septem milliaria usque ad 21. Iulij mane. 20. Iulij. 21. Iulij.

Deinde rursus converso cursu ad Septentrionem velificarunt à summo mane ad noctem usque versus Hyperarcticum per 9. milliaria cælo nubilo, & versus Meso Thraciam per tria milliaria, & iterum converso cursu ad Austrum, vela fecerunt usque ad 22. Iulij mane versus Austro Africum per tria milliaria cælo nebuloso, deinde usque ad noctem versus Meso Lybonotum per 9. milliaria semper nebuloso aëre. 22. Iulij.

Tunc converso iterum cursu ad Septentrionem navigarunt versus Mesothraciam per tria milliaria, & per bina milliaria versus Hyper Thraciam. Tum mutavit se ventus ad Arctozephyrum mane 23. Iulij, & iacta bolide ad 42. Orgyias, fundum invenerunt lutosum. 23. Iulij.

Deinde vela fecimus per bina milliaria versus Aquilonem & Hyperboream, atque alia bina milliaria versus Arctapeliotem, habentes profunditatem 46. orgyiarum, & convertentes nos ad Zephyrum vela fecimus versus Mesoargesten per sex milliaria, fundus lutosus ad 46. orgyias.

Deinde converso cursu ad Subsolanum vela facta versus Mesoeurum per tria milliaria, & quatuor milliaria versus Subsolanum, ad Hyperauni, & rursus 5. aut 6. milliaria versus eandem cæli stationem, & 5. aut 6. milliaria versus Hyperaustrum usque ad noctem 24. Iulij. deinde per quatuor milliaria versus Mesocaurum flante vento Corio. 24. Iulij.

Tum converso rursum cursu ad Septentrionem, vela facientes ad 25. usque Iulij mane versus Aparctiam & Hyper Thraciam per quatuor milliaria, ad 130. Orgyias fundum habuerunt lutosum, Vlterius versus Septentrionem tendentes ad 100. orgyias fundum habuerunt, conspexeruntque glaciem versus Arctapeliotem, & progressi per bina adhuc milliaria versus Hyper Thraciam, converterunt se denuo versus Austrum & versus glaciem, ad vela facientes per milliare versus Notapeliotem, deinde ad Septentrionem versus Aparctiam per sex milliaria, inciderunt in glaciei fragmenta adeo frequentia, ut iis cingerentur, nec è corbe mali, glaciei finem conspicere possent, & tamen nitentes adversus glaciem eam superare nequiverunt, propterea sub vesperam cursum converterunt denuo ad Austrum, & secundum glaciem velificarunt versus Mesolybonotum per quinque milliaria, & alia tria milliaria versus Euronotum.

XXV. Iulij sub noctem cum Sol proximus esset occasui inter Aquilonem & Mesoboream, sumpta est eius altitudo, quæ fuit supra Horisontem sex gradibus & dodrante, eius declinatio erat 19. graduum & 50. minutorum, ex quibus subducti sex cum dodrante restant 13. gradus minuta 5. qui detracti de 90. manent 77. minus 5. minutis, sive scrupulis. 25. Iulij.

XXVI. Iulij vela fecerunt mane donec Sol esset in Notozephyro per sex milliaria versus Euronotum, & per sex adhuc milliaria cursum tenentes versus Notapeliotem, perveneruntque circiter milliare à Continente *Novæ Zemblæ*, tum converso cursu à continente, velificarunt per quinque milliaria versus Hyperthraciam flante vento à Subsolano: sed sub noctem denuo cursu converso ad Austrum, navigantes versus Euronotum per septem milliaria proximè ad Continentem delati sunt. 26. Iulij.

Tum convertentes se rursus ad Septentrionem vela fecerunt per 2. aut 3. milliaria versus Aquilonem, & inde ad Austrum cursum dirigentes versus Euronotum per 2. aut 3. milliaria, denuo ad continentem venerunt apud Promontorium desolationis.

Tunc converso cursu à continente ad Arctapeliotem circiter mill. delati sunt in pulvinos ad profunditatem quatuor Orgyiarum inter scopulos & continentem, ubi profunditas 10. Orgyiarum, fundus exigui lapilli nigri: & aliquamdiu vela facientes versus Arctozephyrum, donec denuo profunditatem haberent 45. Orgyiarum fundo solido & firmo.

XXVII. Iulij inde vela facientes versus Arctapeliotem Vulturno flante per quatuor milliaria, converterunt se versus Austrum, ubi invenerunt ad 70. orgyias argillosum fundum, & navigantes versus Austrum & Mesonotum per quatuor milliaria, delati sunt ad anfractum magnum, Sesquimilliari inde erat pulvinus 18. orgyiarum, argilloso limosoque fundo. Inter pulvinum & continentem erat profunditas 60. & 50. Orgyiarum & plaga protendebatur versus Orientem & Occidentem secundum vulgarem pyxidem. 27. Iulij.

Sub noctem convertentes cursum ad Septentrionem, vela fecerunt versus Aquilonem per tria milliaria, cælo nubiloso interdiu, circa noctem sereno, ut *Wilhelmus Bernardi f.* Solis altitudinem metiens astronomico suo radio, eum inveniret elevatum supra Horisontem 5. gradibus 40 minutis. Declinatio erat 19. graduum 25. minutorum, ex quibus deducta elevatio 5. grad. 40. minut. restabant 13. gradus 45. minuta, qui numerus detractus de 90. Poli altitudo reperta 76. graduum 15. minutorum, seu scrupulorum.

Vela inde facientes versus Aquilonem per 3. mill. usque ad 28. Iulij, & convertentes cursum versus Austrum velaque facientes per 6. mill. versus Euronotum, compererunt se adhuc abesse à continente tribus aut quatuor milliaribus.

XXVIII. Iulij altitudo Solis per Astrolabium investigata, reperta est 57. graduum & 6. minutorum supra Horisontem, & eius declinatio erat 19. graduum 18. minutorum, quæ congesta faciunt 76. gradus 24. minuta. Illud contigit circiter quatuor milliaria à *Nova Zembla*, quæ passim nive contecta conspiciebatur sereno cælo, Subsolano [illegible] 28. Iulij.

Tum cum Sol fere versaretur in Nordoostpheren, convertentes se ad Septentrionem & velificantes unum milliare versus Aquilonem, deinde adhuc milliare obversi Nordosthoek, iterum se converterunt ad Septentrionem, velificantes per quatuor milliaria versus Archipelagum & Hyperoream.

Sub ejusdem diei vesper Solis altitudo inventa 76. graduum 24. minutorum, & adhuc tria milliaria progressi versus Archipelagum, deinde versus Hyperoream quatuor milliaria, denuo in glaciem inciderunt 29. Julij.

29. Julij. Quo die 29. Julij Solis altitudo investigata radio Astronomico, Astrolabio, & quadrante, inventa est supra Horizontem 32 gradibus: ejus declinatio erat 19. graduum, qui subducti ex altitudine, remanent 13. gradus ab æquatore: illis 13. subductis à 90. restant 77. gradus. Tum erravimus Novæ Zembliæ Septentrionalis angulus, Glaciei angulum nominarunt, illis adversus erat versus Orientem.

Illic invenerunt quosdam lapillos splendentes instar auri, quos propterea auros appellarunt: illic etiam elegans Sinus inventus fundo arenoso.

Illo ipso die cursum convertentes ad Austrum, & velificantes per duo milliaria versus Meseroostpunt inter continentem & glaciem. Deinde à parte Orientali anguli Glaciei versus Austrum velificatione facta per sex milliaria usque ad Insulas Orangiæ, obliquando cursum inter continentem & glaciem sive rangulo [illegible] & placide,

31. Julij. ut 31. ad Insulas Orangiæ pervenerint.

Ad unam ex dictis insulis pervenientes, circiter ducentas belluas marinas quas ipsi *Walrusschen* appellant, Olim magnos Rosmaros, illic in arena ad Solem volutantes invenerunt. Longè maiores sunt istæ belluæ marinæ bobus, in mari etiam viventes prædita corio instar phocarum, & brevi pilo, rictu Leonino, super glaciem plerumque cubitantur, quæ cum pedibus prædita sunt, & auribus carent, difficulter interficiuntur, nisi temporibus capite contusis, partum duum aut alterum eniuntur. Si forte in glaciei fragmento à piscatoribus reperiantur cum catulis, eos in aquam præcipitant, deinde ipsæ etiam insilientes eos in ulnas recipiunt, atque ita subinde se mergentes vel assurgentes effugiunt. Quod si resistere cupiant, dimissis catulis, [illegible] adoriuntur, ut nostri semel non cum mediocri periculo experti sunt: nam Rosmarus [illegible]

Rosmarorum belluarum [illegible] maxima [illegible] valde [illegible], Piscatores [illegible] duo [illegible], & [illegible] ducentes [illegible] belua [illegible] in [illegible] versantes [illegible], ut omnia arma [illegible], & ne unum quidem [illegible] potuerint, atque, ut [illegible] [illegible] tempestas [illegible] prohibent.

fere denuo in posteriorem cymbæ partem insiliisset ut eam ad se pertraheret: sed sublato à nostris clamore exterritus, recessit, cumque interim denuo in alios [illegible]. Binis prædicti sunt dentibus, utrinque ex ore prominentibus, circiter cubitum longis, non minus eboris æstimatis præsertim in Moscovia & Tartaria, locisque vicinis, ubi noti sunt: sunt enim perinde albi, duri, & leves ac ebur. Cum porro nautæ existimarent istam Rosmarorum sese ita in terra collocantium catervam, se terrore posse sese defendere, eos adorti, ut eorum dentibus potirentur, omnes suas secures & gladios & lanceas confregerunt, nec unum quidem interimere potuerunt, uni duntaxat dentem excusserunt quem abstulerunt. Cum igitur isto prælio nihil consequi potuissent, deliberarunt de redeundo in navem, ad tormenta bellica inde afferenda, & iis Rosmaros oppugnandos: sed ventus adeo vehemens subortus est, qui glaciem in magna fragmenta confringere cœpit, ut ab eo consilio desistere oportuerit. Illo ipso tempore ingentem ursum album dormientem offenderunt, quem globo traiecerunt, [illegible] in aquam insiliit; sed nautæ remis eum [illegible] impellentes persequuti, eum mactarunt, & super glaciem pertraxerunt, dimidia parte in glaciem valde infixa ad ipsam firmiter colligarunt, [illegible] ut eum deinde auferrent cum redituri essent cum tormentis ad Rosmaros oppugnandos: sed cum ventus magis ac magis insurgeret, & glaciem confringi inciperet, nihil effectum est. Rosmarorum natura & [illegible]

Cæterum cum Wilhelmus Bernardi (qui ut dictum est, 5. Iunij anno 1594. ex Texelia vela fecisset & 23. eiusdem mensis Kildwinum Moscoviæ pervenisset, & inde cursum dirigens ad septentrionale latus Novæ Zemblæ, lustrasset quem retulimus) 1. Augusti ad Insulam Orangiæ delatus esset, animadverteret tamen cum [illegible] suscepto labore difficulter inchoatam navigationem posse absolvere, cum etiam quod nautæ tædere inciperet tam diuturnæ moræ, nec ulterius progredi cuperent, commodum visum est regredi, & ad alias naves redire quæ versus VVeygats sive Fretum Nassovicum cursum direxerant, ad intelligendum quem cursum illæ reperissent. Wilhelmus Barentsz conversis cursum ab insula Orangiæ, [illegible]

AVGVSTVS 1594.

Propterea 1. Augusti cursum converterunt ab Insula Orangiæ solventes, & vela fecerunt per sex milliaria versus Zephyrum & Hyperlybem usque ad glacialem cuneum sive angulum. 1. Augusti.

A glaciali cuneo ad Promontorium consolationis velificatio versus Zephyrum ad Austrum aliquo modo [illegible] per 30. milliaria. Inter hæc loca valde alta est terra: sed Consolationis Promontorium humile est, & in eius Occidentali latere sunt quatuor aut quinque nigri colles, veluti rusticorum tuguria.

A Promontorio Consolationis iste conversi sunt ad Septentrionem 3. Augusti velificantes per 8. milliaria versus Mesoboream & Circium, meridie autem converso cursu ad Austrum, vela fecerunt usque ad noctem versus Mesolybonotum, & Lybonotum, & pervenerunt ad humilem angulum Promontorij Nassovici. 3. Augusti.

Sub noctem denuo converso cursu ad Septentrionem, vela fecerunt versus Hyperboream per duo milliaria, atque cum ventus se ad Septentrionem converteret, propterea versus Zephyrum, [illegible] versus Circium per milliare: sed mutato vento in Subsolanum, vela fecerunt 4. Augusti mane usque ad meridiem versus Mesoargesten per quinque aut sex milliaria, & adhuc usque ad noctem versus Notozephyrum per quinque milliaria, deinde denuo bina milliaria versus eundem Notozephyrum, pervenerunt ad humilem locum, in cuius Occidentali latere alba nota erat. 4. Augusti.

V. Augusti facta velificatio versus Africum per 12. milliaria, & versus Notozephyrum per 15. milliaria, deinde adhuc versus Zephyrum per tria, usque ad 6. Augusti. 5. Augusti.

VI. Augusti cursus directus versus Africum per duo aut tria milliaria, & versus Notozephyrum & Hyperlybonotum per quatuor aut quinque milliaria, & versus Mesolybem per milliaria tria, & rursum versus eundem per alia tria milliaria, deinde adhuc versus Africum & Hyperlybonotum per tertia milliaria usque ad 7. Augusti. 6. Augusti.

VII. Augusti velificatio facta usque ad meridiem, versus Africum per tria milliaria, & versus Zephyrum per tria milliaria. Deinde converso cursu ad Austrum usque ad noctem, versus Notapeliotem & Mesaustrum vela facta per tria milliaria. Versus autem Africum per bina milliaria, & adhuc tria milliaria versus Austrum usque ad 8. Augusti mane, [illegible] Lybonoto. 7. Augusti. 8. Augusti.

VIII. Augusti vela dederunt versus Hyperlybonotum per 10 milliaria, quem cursum prosequuti usque ad meridiem per quinque milliaria, pervenerunt ad humilem terram protensam versus Lybonotum & Mesoboream, quem cursum sunt adhuc prosequuti per quinque milliaria, atque binis milliaribus supra illam continentem profunditas erat 36. Orgyiarum, arena nigra. Et vela facientes versus continentem ad profunditatem 12. Orgyiarum dimidio milliari à continente fundus erat lapidosus.

Inde procedentes continenter ad Austrum per tria milliaria usque ad alium humilem angulum proxime qui erat niger scopulus. Inde vero procedentes versus Euronotum per tertia adhuc milliaria usque ad alium angulum, prope quem erat parva insula, & circiter dimidium milliare à continente plana erat ad profunditatem 8. 9. & 10. Orgyiarum, cui insulæ appellationem nigræ dedimus, quia terræ superficies nigra erat. Tum oborta valde densa nebula, ut [illegible] navigarent per tria milliaria versus Argesten: sed serenitate facta, denuo versus continentem se converterunt, & Sole in Austro existente, denuo viderunt prope nigram insulam, [illegible] velificatione facta ad vesperam.

Illic dimensus est *Wilhelmus Bernardi F.* Solis altitudinem ad 71 gradum & trientem, ubi repererunt magnum anfractum, quem Wilhelmus conjiciebat esse eum in quo Oliverius Bonnel prius fuerat, appellatum Costinsarch.

9. Augusti. A Nigra Insula velificarunt versus Austrum & Meleuronotum per tria milliaria ad alium angulum, cui ob crucem in eo inventam, Crucis angulum sive cuneum appellarunt. Illic etiam sinum invenerunt valde planum cujus vadum 5. 6. 7. Orgyias profundum terra solida & firma.

A Crucis cuneo velificatione facta secundum sinus versus Euronotum per 4. milliaria, pervenerunt ad alium ignobilem angulum, post quem magnus anfractus versus Orientem porrectus. Huic nomē dederunt Quinti anguli, vel S. Laurentij anguli.

A Quinto angulo velificatione facta ad Propugnaculi angulum versus Euronotum per tria milliaria, invenerunt longum nigrum scopulum proxime continentem, cui crux erat imposita, & denuo in glaciem inciderunt, ad quam evitandam in mare processerunt. Constituerant secundum littus *Novæ Zemlæ* versus Weygats vela facere: sed incidentes in glaciem, versus Austrum converso cursu, vela fecerunt à 9. Augusti sub noctem usque ad 10. ejusdem mane versus Meloargesten per 12. milliaria, deinde per 4. adhuc milliaria versus Argestem & Hyperargestem flante Apartia. Meridie tandem converso cursu ad Subsolanum velificatione facta versus Subsolanum & Hypereurum usque ad noctem per decem milliaria, deinde eundem cursum tenentes per quatuor milliaria, ubi continentem conspexerunt, & in magnum Sinum pervenientes scapha continentem petierunt, repereruntque elegantem portum 5. orgyias profundum fundo arenoso. Hic Sinus habet in Septentrionali latere tres nigros angulos, in tertio est navium statio, qui tamen aliquantulum declinandus, quia scopulosus est, & inter secundum & tertium angulum etiam elegans est Sinus tutus ab Arctozephyro, Apartia & Arctapeliote ventis, fundus arenosus teget. Huic Sinui nomen S. Laurentij indiderunt, ubi Solis altitudo reperta 70. graduum & dodrantis.

11. Augusti. A S. Laurentij Sinu velificatione ad Propugnaculi angulum facta versus Vulturnum per bina milliaria, bumistaruger scopulus invenerunt, continenti contiguos, in quo crux fixa erat, & scaphis ad continentem vecti, repererunt hominum vestigia, qui illis conspectis profugerant. Nam illic repererunt sex saccos secales farina plenos in terra reconditos, & lapidū cumulum apud crucem, & ad jactum tormenti jactum inde aliam aliam crucem cum tribus ligneis ædificiis secundum Septentrionalem consuetudinem extructis. In illis etiam ædificiis repererunt multos doliorum asseres ex quo conjecturam faciebant illic Salmonum piscationem fieri: illic quoque reperti circa scrobes quinque aut sex locali ossibus mortuorum pleni, iacentes supra terram lapidibus repleti. Illic etiam inventa confracta navis Russica cujus carina 44. pedes longa erat: sed nullum mortalium conspicere potuerunt.

Huic eleganti portui & tuto ab omnibus ventis nomē indiderūt Portus Farinæ, propter farinam illic inventā.

A nigro scopulo in quo crux, aberat binis milliaribus versus Euronotum parva Insula aliquantulum in mare prominens, à qua vela fecerunt versus Euronotum per novē aut 10. milliaria. Sole existente in Lybonoto, re-

12. Augusti. perta ejus altitudo 12. Augusti 70. graduum 50. minutorum, sive scrupulorum.

Ab eadem Insula littus ejus legentes navigarunt per quatuor milliaria versus Meseurum, & pervenerunt ad duas alias exiguas insulas, quarum exterior à continente milliari aberat. Eam S. Claræ Insulam appellarunt.

Tum denuo in glaciem incidentes, regressi sunt in mare vento satis accommodo pres, & vela facientes usque ad noctem, cursum ab insula dirigentes versus Africum per quatuor milliaria, Arctozephyro flante. Sub noctē cælum plane nebulosum fuit, & 80. orgyiarum profunditatem habuerunt.

13. Augusti. Rursum velificantes versus Mesolybem & Africum per tria milliaria, profunditatem 90. Orgyiarum repererunt, & continuarunt cursum usque ad matutinum tempus 13. Augusti versus Mesolybem per quatuor milliaria, inventa binis horis ante 56. orgyiarum profunditate, & mane 45. orgyiarum luteo fundo.

Deinde cursum instituerunt, ad meridiem usque, versus Notozephyrum per sex milliaria, fundum invenerunt nigrum arenosum ad 24. orgyias, una hora postea ex rufo nigricantem arenam ad 22. orgyias, per 6. milliaria adhuc progressi versus Notozephyrum rubram arenam ad 15. orgyias, deinde eundem cursum tenentes per bina milliaria, denuo rubram arenam ad 15. orgyias, tum continentem conspexerunt, eodem cursu servato usque ad noctem, donec dimidio milliari à continente abessent ubi fundus arenosus repertus ad 7. orgyias, erat autem continens ignobilis & humilis agger ab Oriente ad Occidentem porrectus. Tum converso cursu à terra, vela fecerunt per quatuor milliaria versus Septentrionem & Hyperboream. Inde versus continentem iterum

14. Augusti. converso cursu, & velificatione facta usque ad 14. Augusti per 5. aut 6. milliaria versus Notozephyrum proxime continentem quam conjiciebant esse insulam *Colgoyam*, inde vela fecerunt secundum terram versus Subsolanum per quatuor milliaria, deinde versus Subsolanum & Hypereurum per tria milliaria, sed tam erat nebula adeo densa ut continentis conspectum adimeret, & aquæ profunditas erat duntaxat 7 & 8. orgyiarum. Itaque contractis velis substitere, vento sese permittentes donec nebula dissolveretur, nec tamen Sole in Lybonoto existente continentem conspicere volentes, altitudinem marinā ad 10. orgyias invenerunt fundo arenoso. Deinde velificatione facta ad Subsolanum per 7. milliaria, tum versus Vulturnum & Meseurum per bina milliaria, atque

15. Augusti. usque ad 15. Augusti mane per 3. milliaria versus Eurum, & ab aurora ad meridiem usque eundem cursum tenentes per

tes per quatuor milliaria, venerunt supra pulvinum 9 aut 10. orgyiis altum arenoso fundo, nec continentem conspicere potuerunt. Circiter 11. horam ante meridiem, ceperunt habere maiorem profunditatem 12. videlicet, aut 13. orgyiarum, & vela data versus Eurum per [illegible] milliaria, donec Sol conspiceretur in Notozephyro.

Sole igitur eodem die in Notozephyro existente, eius altitudinem dimensus est *Wilhelmus Bernardi f.* & reperit elevatum supra Horizontem 33 gradibus, eius declinatio erat 14. graduum & quadrantis, detractis 33. gradibus ut 90. compleret, qui simul uniti faciunt 69. gradus 15. minuta: haec fuit Poli altitudo, & ventus Arctozephyrus. Tum progressi adhuc bina milliaria versus Subsolanum, venerunt ad insulam *S. Mariae & Delphi*. Tum matutino tempore inciderunt in alias naves socias Zelandicam & Enchusianam, quae eodem die advenerant ex VVeygats, nactaeque singulas quousque pervenissent. Enchusiani VVeygats superaverant, richantque, ultra fretum VVeygats, spatiosum mare invenisse, seque in eo versus Subsolanum 50. aut 60. milliaria navigasse, adeo ut arbitrarentur se circiter longitudinem fluminis *Oby*, quod ex Tartaria fluit attigisse, & Tartariae continentem versus ad Aquilonem protendi, ex quo coniecturam faciebant se non procul à Promontorio *Tabin* abfuisse, quod extremum est Tartariae, cum convertatur versus regnum *Cathay* ad Norapeliotem, deinde ad Austrum. Etenim [illegible] [illegible] & tempestivum esse ut reverterentur, & dumtaxat illis mandata esse dum ut commoditatem transeundi explorarent, & [illegible] propterea versus fretum Weygats se convertisse. In insulam autem pervenisse circiter quinque milliaria amplam ad Norapeliotem Weygats, & Tartariae sitam, cui *Ordinum insulae* nomen dedissent, in qua multos lapillos reperissent Chrystalli nativi quod Adamantis genus esse videretur.

Tempus E[illegible] [illegible] deinde convenerunt & eorum quae observaverunt narratio.

Naves denuo circa Weygats conveniunt, Wilhelmi Bernardi f. navis cum Lyburnica ab 2 Aprilis Nova Zembla, & Zelandica cum Enchusiana ex Weygats, & cursum versus patriam convertunt, quandoquidem [illegible], praeterfluentem, et littora Tartariae, [illegible] maris Tartarici [illegible].

Cum igitur, ut dictum est, convenissent, in laetitiae signum tormenta exploserunt: alteram autem Willelmum Barentsi f. Nova Zembla circumnavigata per fretum VVeygats rediisse.

Deinde ad reditum se comparant. 16. Augusti. Communicatis porro inter se quae observassent, & indiciis communis laetitiae editis, sese composuerunt ad reditum.

XVI. Augusti sub insulis Matfloe & Delgoy ad navium stationem pervenerunt, quia ventus ab Arctozephyro flabat, & illic haeserunt usque ad 18.

18. Augusti. XVIII. Vela fecerunt versus Corum, cursum tamen dirigentes versus Mesargesten per 12. milliaria: deinde versus Hyperboreum per 6. milliaria, & Arctozephyro pulsi sunt in pulvinum vix 5. orgyias profundum. Tum sub noctem ad Aparctiam se convertentes velificarunt versus Caeciam per 7 aut 8. milliaria; sed cum ventus a Septentrione flaret, denuo ad Zephyrum se convertentes vela fecerunt usque ad 19. Augusti mane versus

19. Augusti. Zephyrum per octo milliaria, & iterum per bina milliaria versus Notozephyrum, & rursum per bina milliaria versus Notapeliotem. Inde cursum converso cursu ad Zephyrum navigarunt usque ad noctem cum malacia: sed exorto vento flante a Subsolano, initio direxerunt cursum versus Corum & Hyperargesten per 6 aut 7. milliaria, habentes altitudinem maris ad 12. orgyias, deinde ad 20. usque Augusti mane, eundem cursum prosequuti

20. Augusti. per septem milliaria, flante Subsolano, atque idem cursus continuatus per septem milliaria, & versus Corum per quatuor milliaria, & deinde cum malacia defixi usque ad noctem. Deinde velificatione facta versus Corum & Hyperargesten per septem milliaria, inciderunt nocte in brevia [illegible] orgyiarum profunditatis, proxime continentem, & navigantes secundum littus per milliare unum, initio versus Aparctiam, deinde per tria milliaria versus Corum, continens exurgebat in arenosos montes & praeruptos angulos, nihilominus [illegible] suum cursum secundum littus habentes profunditatem 9. aut 10. orgyiarum usque ad meridiem

21. Augusti. 21. Augusti versus Arctozephyrum per quinque milliaria: tum Occidentalis angulus continentis dictus Candenoes illis erat objectus ad Corum distantia quatuor milliarium. Inde vela fecerunt per quatuor milliaria versus Corum & per alia quatuor versus Mesothraciam, praeterea per tria adhuc milliaria versus Arctozephyrum & Mesothraciam, & adhuc per quatuor milliaria versus Arctozephyrum usque ad 22. Augusti mane.

22. Augusti. XXII. Augusti mane, velificatio facta versus Arctozephyrum per 7. milliaria, & continuatus cursus versus Co-

23. Augusti. rum & Hyperargesten, usque ad noctem per 15. milliaria, flante Aparctia, deinde per alia adhuc 8. milliaria versus Corum. Deinde eundem cursum servantes usque ad 23. Augusti per 12. milliaria.

Eiusdem diei meridie erat Solis elevatio supra Horizontem 31. gradibus & triente, deerant 58. octo gradus cum duobus trientibus: post adjuncta autem declinatione 11 graduum & duorum trientum ad 58. gradus & binos trientes, fuit elevatio Poli praecise 70. graduum & triente.

24. Augusti. Vela deinde facta versus Arctozephyrum & Hyperargesten, usque ad noctem per 8. milliaria, atque versus Hyperargesten & Corum per quinque milliaria, & adhuc usque ad 24. Augusti mane versus Mesothraciam per 4. milliaria, deinde versus Zephyrum & Africum per tria milliaria, pervenerunt proxime insulam Wardhuysen appellatam ad Navium Stationem.

16. Septemb. Navigationem a Wardhuysen horsum factam, cum sit navigatio satis nota, describendam non duximus, nisi quod inde simul solverint, ut domum repeterent, itaque conjunctim navigarunt usque ad Texelam, unde Zelandica navis ulterius progressa. Willelmus autem Bernardi f. cum Liburnica 16. Septembris, ipso Equinoctiorum die, ante Amsterodamum appulit, & Enchusana Enchusam, unde ablegati fuerant. Willelmi Bernardi f. nautae Rosmarum in urbem usque Amsterodamum retulerunt, belluam marinam admirabilis formae, quam supra glaciei fragmentum ceperant & mactarant.

Primae Navigationis Finis.

BREVIS NARRATIO ALTERIVS NAVIGATIONIS, QVÆ ANNO M. D. XCV. INSTITVTA VLTRA NORWEGIAM, MOSCHOVIAM ET TARTARIAM, VERSVS REGNA CATTHAY ET SINARVM.

POSTQVAM quatuor prædictæ naves Anno M. D. XCIIII. mense Septembri redierant, magna spes concepta fuit, institutam navigationem per fretum VVeygats posse absolvi, præsertim ex narratione eorum qui Zelandica navi, & Enchusana vecti, cuius legatus fuerat *Ioannes Hugonis Linschoten*, qui rem omnem paullo latius explicabat. Sic ut potentes Generales Ordines confœderatarum Provinciarum, & Illustrissimus Auriacus Princeps statuerent initio veris aliquas naves instruere, non modo, ut priore Navigatione, ad viam explorandam & aperiendam, sed etiam ad merces eo exportandas, quas mercatores, prout illis commodum videretur, navibus imponerent, adjectis legatis qui eas merces distribuerent in ijs locis ad quæ pervenirent ab omni naulo & licentia liberas. *Petrus Plancius* celebris Cosmographus, unus ex præcipuis fuit, qui Navigationem istam promoverunt, quique præcipuum ordinem cursuum quos sequi deberent præscripsit, & tractus Regionum *Tartariæ, Catthay, & Sinarum*: sed quid de eo sit iudicandum, nondum satis Constat, tametsi tres iam navigationes institutæ, ad optatum finem non sint perductæ: nam cursus ab eo delineati, perfectè observari non potuerunt, ob quædam impedimenta, quæ propter temporis angustiam corrigi nequiverunt.

Quod nunc melancholici quidam inferre volunt, rem esse impossibilem: producentes, ex veteribus quibusdam auctoribus, quod ex utraque Arctici poli parte per plura quam 300. milliaria mare non sit navigabile, ad vanum esse apparet, quia album mare, & polo adhuc propinquius iam navigatur, & in eo piscatio exercetur, præter veterū scriptorum sententiam & opinionem: immo quid nunc non navigatur, quod ipsis incognitum fuit? Sic etiam mirum non esset, quemadmodum initio Descriptionis Primæ navigationis dixi, si ab utraque poli Arctici parte 23. gradibus simile frigus esset quale sub ipso polo, tametsi nondum probe sit exploratum. Quis credat in Pyrenæis montibus & Alpibus quæ in Hispaniam, Italiam, Germaniam & Galliam protenduntur, tam ingens frigus esse, ut istic nix nunquam dissolvatur, cum tamen Soli longe viciniores sint, quam hæ Belgicæ provinciæ ad Arctoum mare sitæ? Vnde rigor ille in montibus? generatur ex vallium profunditate in quibus nix tam alte iacet ut eam Sol ad infimum penetrare nequeat, & montium altitudine, qui Solis radios a vallibus arcent. Sic etiam (mea opinione) accidit de glacie quæ est in Tartarico Mari, etiam glaciali nuncupato, circa *Novam Zemblam*, in quo glacies ex fluminibus Tartariæ, & Catthayæ delabens dissolvi nequit propter abundantiam, & quia Sol supra ea loca non valde elevatur, non potest tantum calorem præbere, ut facile colliquare possit. Hæc est causa cur glacies illic maneat, quemadmodum nix in prædictis Hispaniæ montibus, & ipsa natiua frigus istic inducit, quam Polo viciniore loco in aperto mari. Hæc tamen tanquam memoriæ causa in medium producta sunto, quia cum explorata non sint, tam certa esse nequeunt, atque si explorata essent. Sed nunc ad Narrationem Secundæ Navigationis ad Aquilonem veniamus.

Anno M. D. XCV. à Generalibus Ordinibus harum Provinciarum confœderatarum & Illmo Principe Mauritio, tanquam Archithalasso, septem naves instructæ ad vela facienda per fretum *Weygats*, sive *Nassovicum*, ad regna *Catthay & Sinarum*, binæ Amstelrodami, binæ in Zelandia, binæ Enchusæ & una Roterodami. Quarum sex omni genere mercium & pecunijs onustæ fuerunt, additis Legatis, ad mercaturam exercendam, septimæ, quæ erat Liburnica, mandatum fuit, ut, cum aliæ naves superassent Promontorium *Tabin* (quod extremum Tartariæ angulum occupat) aut tam procul pervenissent, ut ad Austrum cursum convertere possent, & omnia glaciei impedimenta superassent, reverterentur, & nuncium ejus rei adferrent. Vt porro vehebar navi *Wilhelmi Bernardi f.* qui summus erat Nauclerus & *Iacobi Heemskerck*, primarius Legatus, navigationem quam fecimus, & cursum quem tenuimus, describam, quemadmodum primam navigationem descripsi.

Primùm igitur lustratione ante Amstelrodamum facta, præstitoque à nobis necessario iuramento, vela fecimus 18. Iunij versus Texelam, ut cum alijs navibus quæ istic certo die convenire debebant, nostram Navigationem in nomine Dei auspicaremur. 18. Iunij.

IVLIVS 1595.

2. Iulij ex Texela solvimus circa Solis exortū, cursum tenentes versus Mesoborraeum, per 8. circiter milliaria. 2. Iulij.

Deinde vela facta versus Circium usque ad 3. Iulij mane, ad elevationem, secundum conjecturam, 55 graduū 3. Iulij.
per 18. milliaria: præterea cum Aparctozephyro & Circio, maxima ex parte tranquillo, vel Scirone facta versus Zephyrum, & Hyperboream usque ad 4. Iulij mane circiter quatuor milliaria. Deinde spirante circio ad Aparctiam 4. Iulij.
inclinante versus Zephyrum & Mesargesten navigavimus usque ad 5. Iulij mane, circa 15. milliaria, & adhuc do- 5. Iulij.

nec Sol esset in Occidente, circiter per 8. milliaria.

6. Iulij. Tum converso cursu vela facta versus Arctapeliotem usque ad 6. Iulij mane per 10. ut conijciebamus, milliaria,
7. Iulij. eundem cursum tenentes usque ad 7. Iulij, Sole in Austro existente, circiter per 24. milliaria, eodemque cursu continuato usque ad mediam noctem, circiter per 8. milliaria.

9. Iulij. Tum, converso cursu, vela facta versus Africum usque ad 9. Iulij mane, per 14. circiter milliaria: & converso cursu versus Arctapeliotem usque ad vesperam, per 20. circiter milliaria.

10. Iulij. Deinde velificatio facta versus Hyperboream usque ad 10. Iulij vesperi per 28. circiter milliaria. Tum conver-
11. Iulij. sus cursus ad Notozephyrum usque ad 11. Iulij, donec Sol esset in Noctapeliote, per 8. circiter milliaria.

12. Iulij. Tum vela conversa versus Aparctiam & Hyperboream usque ad 12. Iulij, Sole circa meridianum situ, per 16. milliaria. Deinde versus Hyperboream per 10. milliaria.

13. Iulij. A 12. Iulij demum cursu converso velificavimus versus Notozephyrum & Africum, usque ad [illegible] ad
14. Iulij. vesperam per 10. milliaria. Tum demum conversa, velificatio versus Boream usque ad 14. Iulij, Sole in Euronoto existente, per 10. circiter milliaria. & versus Hyperboream & Boream, usque ad 15. mane per 14. circiter milliaria;
15. Iulij. deinde versus Hyperboream usque ad vesperam circiter per 12. milliaria. Tum Norvvegia nobis conspe-
Norvvegia conspecta. cta, & navigavimus versus Hyperboream usque ad vesperam 16. Sole in Arctozephyro existente, per 18. circiter
16. Iulij. milliaria: & deinde 17. Iulij cursu directo versus Arctapeliotem & Mesoboream, donec Sol esset in Occidente
17. Iulij. per 24. circiter milliaria.

18. Iulij. Tum adhuc versus Arctapeliotem usque ad 18. Sole in Arctozephyro, per 20. circiter milliaria. Inde versus
19. Iulij. Mesoboream usque ad 19. Sole ad Occidentem situ, circiter per 18. milliaria.

20. Iulij. Inde converso cursu versus Mesoboream, & Arctapeliotem usque ad 20. Iulij, ad sex clepsydras usque, sive tres horas, primi quadrantis, & expectavimus nostram Liburnicam, quae nos assequi nequibat, propter ventorum vehementiam. Quadrante praeterito, conspeximus nostros socios cursum sistentes ut nos expectarent, & propinquiores ipsis facti, cursum prosequuti sumus usque ad vesperam per 30. circiter milliaria.

21. Iulij. Tum vela fecimus versus Mesocorum usque ad 21. exutis [illegible] velis, circiter per 26. milliaria, & continuato cur-
22. Iulij. su usque ad 22. Sole in Euronoto existente, per 10. circiter milliaria. A meridie Sole in Africo existente, conspeximus ingens Cete summo sopitum, recte ante proram, quod strepitu navis velificantis, & nautarum clamore excitatum, enatavit, alioqui per medium ipsius corpus, nostra navis transire debuisset, & cursu continuavimus donec Sol esset in Circio, per 8. milliaria.

23. Iulij. A 23. Iulij velificatio facta versus Mesonotum, donec Sol esset in Austroafrico, circiter per 13. milliaria, & terra conspecta quatuor circiter milliaribus à nobis distans. Tum à terra nos convertentes Sole circiter in Austro
24. Iulij. Africo existente, vela fecimus usque ad 24. Sole in Arctozephyro existente, per 24. circiter milliaria.

25. Iulij. Deinde ad Septentrionem nos convertimus, & velificatio facta usque ad 25. Iulij meridie per 10. milliaria, & deinde usque ad mediam noctem versus Circium per 8. milliaria. Tum demum converso cursu versus Vulturnum & Hypercironotum, usque ad 26. Iulij, Sole meridiano elevato 71 gradibus & quadrante.
26. Iulij.
27. Iulij. Sole circa Africum versante, cursus conversus Mesoboream versus usque ad 27. Iulij, Sole in meridie situ, & eius altitudo inventa 72. gradibus & triente.

28. Iulij. Deinde cursus directus recte ad Hyperboream usque ad 28. Iulij. Sole in Oriente existente, per 16. milliaria secundum conjecturam: & conversus cursus ad Mesocorum, per 8. circiter milliaria: & versus Hypercircinotum usque ad 29. media nocte, circiter per 18. milliaria.

29. Iulij.
30. Iulij. Postea converso cursu ad Mesocorum usque ad 30. Iulij Sole in Septentrione existente vela facta per 8. circiter milliaria: & inde conversi versus Euroafricum, ubi fuimus magna ex parte tranquillitate usque ad 31. Iulij Sole
31. Iulij. existente in Coro, & circiter sex milliaria progressi.

AVGVSTVS. 15[illegible].

1. Augusti. Inde versus Subsolanum vela facta usque ad primum Augusti media nocte per octo milliaria, & cum tranquillitate & coelo sereno, conspeximus *Trompsoe* insulam, circiter Solem in Septentrione existentem, nobis ad Noctapeliotem expositam 10. milliarib. à continente, & velificavimus donec Sol in Oriente esset leniter spirante Circio, deinde Noctapeliote, donec Sol esset in Arctozephyro per 9. milliaria cum semisse.

3. Augusti. Tum distantes à terra dimidio milliari convertimus cursum versus Mesocorum usque ad tertium Augusti, Sole existente in Notozephyro, circiter per tria milliaria, & secundum oram maritimam circiter per 3. milliaria.

Vicesadmiralij [illegible] Deinde convertimus denuo cursum propter lingulam protensam, circiter sesquimilliare à continente supra quam *Ilbrandus* viceprefectus sive Viceadmirallus vela fecit, & valde impegit, sed ut commoda erat navis, denuo sese explicuerunt. Ille enim paulisper nos praecedebat, sed exaudito eius clamore & conspecta eius nave periclitante, illico cursum convertimus versus spatium Hypercircios & Noctapeliotes, praecipue Noctapeliotes & Auster,
4. Augusti. donec Sol esset in Austro 4. Augusti, & velificatio facta quinque circiter milliaribus à terra, secundum conjecturam per sex milliaria.

Tum Solis altitudo dimensa ad 71. gradum & quadrantem, deinde summa fuit tranquillitas usque ad mediam noctem,

noctem, postea spirante Austro tendimus versus Mesocaeciam usque ad 5. Augusti, Sole existente in Notapeliote, 5. Augusti.
& Promontorio Septentrionali per bina milliaria ad Subsolanum nobis opposito, & Sole in Arctozephyro existente, nobis erant oppositi versus Austrum per quatuor milliaria scopuli *Mater cum filiabus* vulgo nuncupati, & vela facta eo tempore per 14. milliaria.

Vlterius deinde progressi versus Caeciam usque ad 6. Augusti, donec Sol esset in Coro, nobis conspecta est navis *Ysbrandi* Vietandi [illegible], & multo tempore invicem impedientes, vela fecimus per 10. circiter milliaria. 6. Augusti.

Tum vela dedimus donec Sol esset in Arctozephyro, deinde denuo expandimus flante Subsolano & Caecia, tendentes versus Mesolybonotum usque ad 7. Augusti donec Sol esset in Notapeliote & nobis obvia facta Enchusana navis, ex albo tinct adventicos, & secundum coniecturam 2. milliaria emensi sumus. 7. Augusti.

Circa Solem in Austro existentem, nobis erat oppositum Promontorium Septentrionale circiter [illegible] milliaria ad Hyperlybonotum, & scopuli, Mater cum filiabus dicti circiter 5. milliar. ad Notozephyrum. Tum spirante Mesocaecia, vela fecimus versus Hyperboream usque ad 8. Augusti, donec Sol esset in Notozephyro, per 34. milliaria. Deinde converso cursu versus Meseurotonum usque ad 9. Augusti Sole in Austro existente, cum per meridianam continentis angulum nobis ad Notapeliotem oppositum, & alium praeterea [illegible] continentis angulum nobis per quatuor milliaria ad Notozephyrum obversum secundum coniecturam, & hunc cursum prosequuti sumus per 14. circiter milliaria. Tum denuo converso cursu ad Mesoboream usque ad 10. Augusti, Sole in Oriente existente, vela fecimus per 4. circiter milliaria. Et denuo converso ad Austrum cursu donec Sol in Arctozephyro esset, velificatio facta, secundum coniecturam per 10. circiter milliaria. 8. Augusti. 9. Augusti. 10. Augusti.

Tum iterum converso cursu, cum Promontorium Septentrionale à nobis abesset ad Hyperlybum per 9. circiter milliaria, *Nordkyn* vero insula ad Mesolybonotum per tria circiter milliaria, vela fecimus versus Aquilonem usque ad 11. Augusti, per densam nebulam, donec Sol esset in Austro, per 10. circiter milliaria.

Inde converso cursu ad Hypereuronotum, flante Caecia vela fecimus usque ad 12. Augusti, Sole existente in Notapeliote, per 8. circiter milliaria. Deinde *Nordkyn* ad Hyperlybonotum à nobis circiter per octo milliaria distante: delati sumus cum tranquillitate usque ad 13. Augusti, Sole existente in Austroafrico, per quinque circiter milliaria. 11. Augusti. 12. Augusti. 13. Augusti.

Postea velificatio facta versus Meseurum per binas circiter horas, & navis cui nomen Fenaut Porcus cum vectoribus & mercatoribus, cursum direxit ad Austrum: nos vero vela fecimus usque ad 14. Augusti, donec Sol esset in Austro, per 18. circiter milliaria, eundem cursum maxima ex parte sequentes usque ad 15. Augusti, Sole in Subsolano existente, tum iacta bolis ad 70. orgyias, & prosequuti sumus navigationem donec Sol esset in Austro per 32. milliaria. 14. Augusti 15. Augusti.

Sole in meridie existente, eius altitudo comperta 70. graduum 47. scrupulorum. Tum nocte iacta bolide, profunditas deprehensa 40. orgyiarum arenosus fundus & pulvinus. Sole in Arctozephyro existente bolis denuo iacta ad 80. orgyias, & progressi sumus ad Vulturnum usque ad 16. Sole in Arctapeliote existente, iterum demissa bolide ad 80. orgyias, funiculo non longiore, fundus non repertus, & deinde converso cursu versus Subsolanum & Hypereurum, saepe demissa bolis ad 60. aut 70. orgyias, plus minus, velificatio facta donec Sol in Austro esset per 38. circiter milliaria. 16. Augusti.

Deinde vela fecimus versus Subsolanum usque ad 17. Augusti, Sole in Oriente existente, & iacta bolis ad 80. orgyias, argilloso fundo. Tum Solis altitudo sumpta cum esset in Hyperlybonoto ad 69. gradus 24. scrupulos sex minuta, conspeximusque maximam glaciei abundantiam secundum litus Novae Zemblae, iacta bolide ad 75. orgyias repertus fundus firmus & solidus, velificatio autem facta per 24. circiter milliaria. 17. Augusti.

Postea diversos cursus instituimus propter glaciem, nunc versus *Meseurum*, mox versus Vulturnum usque ad 18. Augusti, Sole in Oriente existente, per 18. circiter milliaria. Tum demissa bolide ad 30. orgyias, repertus fundus solidus, & binis postea horis ad 25. orgyias arena rubra, distincta parvis frequentibus maculis: semel horis post repertus ad 20. orgyias fundus rubrae arenae nigris punctis distinctae in autem tum apparuerunt nobis duae insulae, quibus Enchusani nomen indiderunt *Orangiae*, à Principe Mauritio & eius fratre, quae nobis erant ad [illegible] opposite circiter per 3. milliaria, humilis terra, & velificatio facta donec Sol in Austro existeret [illegible] milliar. 18. Augusti.

Deinde versus Subsolanum vela factis & diversis vicibus iacta bolide, repertus fundus ad 20. 19. 18. & [illegible] Orgyias, magna ex parte solidus nigris maculis distinctus, & Sole Occidente conspectum fretum *Weygatz* nobis oppositum versus Caeciam circiter 5. milliaribus, confectaque circiter 8. milliaria. Weygatz.

Velificatio porrò facta à 70. gradibus usque ad *Weygats* magna ex parte per glaciem confractam. Quo pervenientes, demissa bolide, multo tempore altitudinem 13. & 14. orgyiarum deprehendimus, solido fundo, nigris maculis consperso. Paulo post iacta bolide, altitudo inventa 30. orgyiarum, spirante Aparctia, & continuo inter glaciem versabamur, & ferebamur à glaciei abundantia, usque ad mediam circiter noctem. Tum ad Septentrionem conversi sumus, propter lingulas quasdam ad australe *Weygats* latus recte nobis oppositas ad sesquimilliare 10. orgyias altas, & mutato cursu, & per binas horas versus Corum navigavimus. Deinde denuo mutavimus cursum versus Subsolanum & Hypereurum, & pervenimus ad *Weygats*, demissaque bolide fundus subinde repertus 7. orgyiarum, paulo plus aut minus, usque ad 19. Augusti, tum Sole in Notapeliote existente, ingressi sumus *Weygatz* in navium stationem, spirante Aparctia. 19. Augusti.

Angustiæ illæ inter Imaginum angulũ, & Samiutarũ regionẽ, glacie erant plenæ, ut vix per eam transitus remanere posset, & per maximum stationem hac in navigavimus, quam Pinguedinis sinum nuncupavimus, quod illic plurimã pinguedinẽ reperimus. Valde cõmodus est hic sinus adversus glaciei cursum, & ab omnibus ventis in quo velificare licet ad placitũ altitudine 5.4.3. orgyiarũ, fũdo solido & firmo. Ad Orientem litus profũdius est aqua.

20. Augusti. XX. Augusti, radio astronomico Solis altitudo explorata, & inventa supra Horizontem esse 69. gradibus 21. scrupulis cum esset in Hyperhorizonte in summa sua altitudine, aut antequam declinare inciperet.

21. Augusti. XXI. Augusti 54. è nostris in continentem Weygats profecti, ad explorandum ejus loci situm. Progressi circiter 2. milliaribus in interiorem regionem, invenimus diversas scholas onustas pellibus, pinguedine, & similibus mercibus, etiam hominum vestigia & Rangiferorum, ex quibus conjicere licuit, vicinis locis homines debere habitare, aut commercij causa eò advenire. Quæ conjectura magis cõfirmabatur, ex pellium abundantia, quã in statuarum sive imaginum angulo (sic à nobis nuncupato) congestã invenimus: quod deinde post dies à Samiutis & Russis plenius intelleximus, quando cum eis sermones contulimus, ut sequentia docebunt.

Nucæ in promontorio Weygats positæ reperiuntur. Imaginum angulus à frequentia imaginum dictus. Weygatz ab hominibus habitati.

Cum postea è Weygatz in continentem progressi essemus, omnem rationem invenimus quomodo ædificia aliqua invenire possemus, aut aliquos homines, a quibus intelligeremus commoditatem navigationis vicinis locis. Postea à Samiutis edocti fuimus & in Weygats & in Nova Zembla homines habitare, neutiquam tamen illic invenimus, neque ædificia, nec aliud quidpiam, itaque ut plenius indicium haberemus cum quibusdam ex nostris longius versus Notapeliotem sumus progressi, ad maris litus. Eo proficiscentes, semitam reperimus in palude ad dimidium crus profundam, tam aliè enim sub pede solidum & durum fundum inveniamus, ubi autem minor profunditas, paululum supra calceos pertingebat. Cum igitur ad litus pervenissemus, gaudio perfusi fuimus, quia videbamur aperturam quandam conspicere, qua transire possemus, nam illic paucam glaciem videbamus. Sub vesperam ad navem redeuntes, id nostris pro certo nuncio retulimus. Nostri nauclerii etiam scapham quæ remis impellitur miserunt, ad explorandum an Tartaricum pelagus apertum esset, sed in mare usque penetrare nequiverunt, ob glaciem, & ad Crucis angulum pervenientes, relicta illic scapha, terrestri itinere profecti ad Distinctj angulum, unde conspexerunt glaciem è Tartarico pelago profluentem ad oram Russiæ & VVeygatz in angulo prorsus compressam & constipatam.

Hæc Topographia demonstrat angustum ... Weygats ... Insulas Ordinum, Pinguedinis sinum, Imaginum angulum, Crucis angulum ... Weygats ... Tartaricum pelagus ...

XXIII. Augusti reperimus naviculam ex *Pinega*, Lodijae ipsis nominatam, funibus connexam, qua quotannis versus Septentrionem navigant, ut inde Rosmarorum dentes, pinguedinem, & anseres asportent, ad omnesque naves quae ex Russia erant adventurae per *Weygats*, quemadmodum nobis cum conferentes sermones dixerunt, eas videlicet naves adventuras ad vela facienda in Tartaricum pelagum, ultra flumen *Oby*, usque ad locum *Ugolita* nuncupatum in Tartaria, ad hiemem totam permanendum, pro solito quotannis more. Referebant intra 9. aut 10. hebdomadas fretum glacie concretum iri, & cum congelari incipit, illos aetatem occurrere, atque tum per glaciem posse excurri usque in Tartariam, ultra mare quod ipsi *Mermare* appellant. 23. Augusti. Navicula reperta quae [illegible] erat.

XXIIII. Summo mane ad eorum navem appulimus ad plenius intelligendum de mari, ad Orientale latus *Weygats*, & abunde satisfactum nostrae petitioni, ut dictum est. 24. Augusti.

XXV. Augusti denuo ad Russorum navem tendimus, & amice cum illis sermones conferentes, amicitiam vicissim ab illis experti sumus, nam nobis primum octo praepingues anseres donarunt, quorum magnam copiam in sua nave jacente loco habebant. Periculum fecimus an unus aut alter illorum ad nostram navem profectum vellet, illorum septem cum magna laetitia nobiscum profecti sunt. Navem ingressi, ejus magnitudinem, & ingenium apparatum valde admirati sunt: & postquam & prorum & puppim probe abstervassent, proposuimus illis cerevisiam, butyrum, & caseum: sed renuerunt, dicentes eo die sibi jejunandum, conspicientes tamen halecem sine squamis, omnes cum manducarunt, etiam caput & caudam devorantes. Postea quam edebant, Vasculum halecibus plenum illis donavimus, pro quo nobis magnas gratias egerunt, hortantes quasi in suo pro eo munere nobis gratiam rependerent, eosque nostra scapha exceptos in Pinguedinum Sinum revexisimus. 25. Augusti. Russorum discessus.

Meridie solvimus flante Coro. Protenditur *Weygats* ad Orientem usque ad Crucis angulum, deinde ad Arctapeliotem usque ad Diffidij angulum, paulo ad Orientem vergentem: postea ad Aquilonem & Hyperboream, ad Septentrionem paululum ad Zephyrum vergentem. Vela fecimus versus Arctapeliotem paululum ad Subsolanum vergentem per bina milliaria ultra Diffidij angulum: sed ob glaciei abundantiam regredi oportuit, & cursu dirigere ad praedictam nostram Navium stationem. In reditu invenimus apud Crucis angulum, commodum locum ad anchoras ea nocte figendas. Weygats [illegible]

Topographica repraesentatio Samoiedarum cum ipsorum Rege, [illegible] gestare [illegible]

26 Augusti. XXVI. Augusti mane sublatis anchoris vela fecimus dulone substricto, ad veterem nostram naviam stationē, ut ibi commodius tempus expectaremus.

28. 29. 30. 31 Augusti. XXVIII. XXIX. XXX. XXXI. Augusti usque ad 31. magna ex parte flavit Notozephyrus, & *Wilhelmus Bernardi f.* noster Praefectus vela fecit ad Australe littus *Weygats* continentem, ubi aliquos agrestiores homines repererunt Samojedas appellatos circiter unum milliare in interiore regione (non tamen nimium agrestes, quia 20. illorum cū nostrorum 9. sermones contulerant) cum neminem se reperturos cogitarent, quando quidem ante in continente *Weygats* neminem prorsus conspexeramus: repperimus autem eorum binos turmas cū [illegible], quinque videlicet in singulis turmis simul junctos, valde autem eis vicini fuimus antequam eos observaremus. Tum noster interpres paululum progressus ad eos compellandos: hoc animadvertentes, etiam unum ex suis contra miserunt, qui nostro vicinus factus, ex pharetra telum depromsit, minitans se eum petiturum, noster cum inermis esset, metuens, proclamavit rustico sermone, noli telum emittere, sumus amici: quo audito ille arcum & sagittam humi abjecit eo indicio declarans se libenter cum nostro interprete sermones conferre velle. Quod noster conspiciens, denuo clamavit, sumus amici, cui alter respondit, gratus sit igitur adventus, se que mutuo salutarunt rustico more, singuli caput ad terram inclinantes. Hac oblata occasione, percontatus est eum noster de regionis situ & maris Orientē versus per *Weygats*, ad quae ille commodè respondit, dicens, Superato promontorio quod circiter quinque dierum itinere abest, protensa manu ad Aquilonem, tum reperiri ingens mare, protensa manu versus Notapeliotem, addens sibi illud mare probe cognitum, quia illuc ab ipsorum Rege quidam fuerit missus, cum hominum caterva, cui ipse praefuisset.

Declaratio vestium & formae Samojedarum. Vestium quibus utuntur forma, similis est illi quam nostri pictores silvestribus hominibus tribuunt, minimè tamen silvestres sunt, sed bono intellectu praediti. Amiciuntur pellibus Rangiferorum à capite ad pedes, praeter primates qui licet amiciantur ut praedicti, cum viri tum feminae, caput tamen tectum habent panno aliquo colore infecto, pellibus suffulto, reliqui pileos gestant è Rangiferorum pelle confectos, pilo extrorsum conversa, & capiti adstringentes longam aliam consutam, implexam, super dorsum extra vestes promissam: ut plurimū brevi sunt corpore, lata planaque facie, parvis oculis, brevibus cruribus & divaricatis, agilesque sunt in cursu & saltu. Exteris parum fidunt, nam licet omnem amicitiam eis demonstraremus, parum tamen nobis fidebant, ut deprehendimus, cum 1. Septembris secundo in continentem venissemus, & unus è nostris ab illis arcum peteret ad contemplandum, illi negatus est, signo edito quod praebere nollent. Is quem Regem appellabant, habebat excubias dispositas, observantes quid ageretur, quidve emeretur aut venderetur. Tandem unus è nostris propinquius accedens, ad amicitiam cum ipso contrahendam, humaniter illum salutavit consueto ipsorum more, simulque panem nauticum sive biscoctum praebuit, ille cum magna reverentia accipiens, cum, statim edit, inter edendum nihilominus atque ante & post, diligenter observabat quidquid ageretur. Eorum rhedae semper erāt paratae, quae aut duobus rangiferis junctis, qui unum aut alterum hominem insidentem tam celeri cursu trahunt, ut nullus nostrorum equorū comparari illis possit. Unus è nostris duplicem sclopum explosit versus mare, quo adeo exterriti sunt, ut currerent & subsilirent veluti insani, tamē sponte sedati & confirmati sunt, animadvertētes maligno animo non fuisse explosum. Per interpretem etiam illis significari fecimus, ijs armis nos uti arcuum loco, unde valde admirabantur, propter ingētem strepitum & sonitum quem ederet. Atque ut potius viderent, quam validus sclopum ormorum esset ictus, unus e nostris planum lapidem medij palmi latitudine, supra colliculum imposuit satis procul à se distantem. Ipsi animadvertentes nos quidpiam in illa re agere velle, quinquaginta aut [illegible] ex ipsis paululum secedentes in circulum se disposuerunt. Tum qui sclopum habebat, lapidem globo petijt, & eum attingens in frusta confregit: unde sunt magis admirati quàm prius. Postea discessimus, utrinque magna facta reverentia, & ingressi in scapham, denuo omnes aperto capite, nos inflecximus cum magna reverentia, & buccinam clangere jussimus: illi vicissim consueto ipsis more facta etiam reverentia simul ad suas rhedas profecti sunt.

Recessus ab illis. Illis ita dimissis & aliquantulum progressis, eorum unus equitans ad littus venit, ad repetendam statuam sculptam quam nostri è littore sumpserant, & in scapham intulerant. Ille scapham ingressus, statuam conspexit, & signis indicavit, perperam nos egisse, qui statuam illam abstulissemus. Nos id animadvertentes, ipsi restituimus, ille receptam cumulo imposuit proximè maris oram, nec illam tum abstulit, sed rhedam misit, quae illam referret. Secundū haec omnia quae observare potuimus, arbitramur illas statuas seu imagines ligneas ab ipsis pro Dijs haberi: è regione enim *Weygats* eo loco quem Imaginum angulum nuncupavimus, repperimus aliquot centenas ejusmodi imagines ligneas rudiler admodum fabrefactas, superiore videlicet parte rotundas, in medio aliquam eminentiam habentes pro naso, supra quem binas incisiones ab invicem separatas pro oculis, & sub naso aliam incisionem oris loco. Invenimus etiam ante illas multos cineres & rangiferorum ossa, ex quibus conijcere licet, istic suas oblationes fuisse factas.

Imagines ligneae in imaginum angulo. Cum jam à Samojedis discessissemus circa Solem existentem in Austro, *Wilhelmus Bernardi f.* noster praefectus, iterum Thalassarcham compellavit, de dandis velis ad ulterius progrediendum, non tamen tam longo sermone atque fecerat praecedente die, licet sermonibus audiretur à Thalassarcha & ejus vicario. Respondens Admiralius, & quasi ridens, dixit, *Wilhelme Bernardi f.* quid tibi videtur facto opus? Tum *Wilhelmus Bernardi f.* mihi commodū videtur, ut vela faciamus & nostram navigationem prosequamur, ad perveniendum ad quae Admiralius, *Wilhelme*

Bernardi

Bernardi f. vide quid dicet. Hæc acciderunt circa Solem versantem in Arctozephyro.

Septembris 2. paullo ante Solis ortum eduximus anchoras, ut egrederemur, flabat enim Austroafricus, commodus ad nostram navigationem, & incommodus ad istic herendum, quia terræ cuspido humilis erat. Hoc Admiralius & alius Vicarius conspicientes, cœperunt etiam suas anchoras educere, & vela explicare. 2. Septemb.

Sol erat in hyperemo cum nostrum dolonem substringeremus, & vela fecimus usque ad Crucis angulũ, ibique iacta anchora, ad Liburnicam Admiralij expectandum, quæ magno cum labore & longo tempore ex glacie emergere potuit, subinde educta anchora.

Cum sub noctem ad nos pervenisset, mane circiter binas horas ante Solis ortum vela fecimus, & cum ortu Solis appulimus circa miliare ad Orientem Dilsidij anguli, cursum tenentes versus Septentrionem, donec Sol esset in Austro, per sex miliaria. Tum ob glaciei magnam abundantiam & nebulas, & venti inconstantiam, cursum nostrum vertere oportuit, accidit enim tum rectum tenere potuimus, sed subinde convertendus fuit, nunc glaciei causa, modo secundum venti inconstantiam, & quia etiam cœlum nebulosum erat, sicut noster cursus paullus incertus esset, & cum existimaremus nos versus meridiem ad Samiutanam regionem vela fecisse, cursum tenentes versus Novamzemblam, donec urfa minor (quam nautæ Vigiles vocant) esset in Arctozephyro, pervenimus ad Orientale latus insulæ Ordinum, circiter iactum duplicis sclopeti procul à terra, ad profunditatem 13. orgyiarum.

Septembris 4. mane sublatis anchoris, propter glaciem, velificatio facta inter Ordinum insulam & Continentem, & prorsus ad insulam accedentes ad quartam aut quinque Orgyiarum profunditatem, nauclerum in terram emisimus, ut tuti à glacie maneremus, atque interdum in terram egressi fuimus, lepores petituri, qui frequentissimi ibi reperiuntur. 4. Septemb.

[illegible] ursi [illegible], quem ferox, crudelisque, & vorax. Vrsus in duos ex nostris [illegible] ut dilaniandos, atque [illegible] adversus eum pugnantes duo [illegible] acceperunt, ante quam illum occidere potuerimus, & quod quamdiu vixit, [illegible] prædam dimittere noluit.

Septembris 6. matutino tempore in continentem profecti sunt aliqui nautæ, ad investigandos lapillos, adamantini generis, qui in Ordinum etiam insula magna copia reperiuntur. Dum illis perquirendis intenti, contigit ut bini conjunctim cum essent, macilentus albus ursus tacitè ad eos veniret, & alterius illorum occiput apprehen- 6. Septem.

prehenderit, is ignorans quid esset, vociferari incipit, quis me per occiput apprehendit? Sodalis eius qui ipsi adstat, in specu lapillos perquirens, caput sustulit ut conspiceret quis esset, is horrendum ursum conspiciens, clamore sublato, amice, inquit, ursus est, simulque cum dicto celeriter aufugit.

Ferox ursus binos homines mactat. Ursus alterius caput statim dentibus confregit, & sanguinem exsuxit. Reliqui nautae qui in continente versabant, statim eo concurrerunt ad numero, ad sodalem liberandum, aut saltem cadaver urso adimendum. Cum illi & sclopis & sarissis parati ad ursum accederent, occupatum in vorando cadavere, ursus ferox & impetuosus in eos impetu facto, unum ex illis sejungens discerpsit miserum in modum, quod reliqui conspicientes aufugerunt.

Nos animadvertentes ex navi & Liburnica nostros versus litus fugere illico in nostros scaphas descendimus, quas omni diligentia remis ad continentem appulimus ad nostros liberandos. Quo pervenientes, miserandum illud nostrorum spectaculum vidimus, ut misere ab urso erant lacerati, itaque alter alterum animantes, ut simul omnes ursum adgrederemur cum sclopis, gladijs, & dimidiatis sarissis, neque quisquam cederet: sed non fuerunt omnes eiusdem sententiae, dicebant enim nonnulli, nostri sodales jam sunt extincti, & poterimus ursum comprehendere, tamet si in tam manifestum periculum nos non conijciamus: si possemus nostros a morte liberare, tum deberemus accelerare, sed nunc ubi est ita properandum, nihilominus nobis capiendus est, sed circumspecte nobis agendum, nam cum feroce & vorace bestia nobis res est. Tum tres ex nautis paulo longius progressi sunt, urso nihilominus cadaver vorare perseverante, nostrum multitudinem contemnens, tametsi triginta numero essemus. Tres illi progressi fuerunt *Cornelius Iacobi f.* naucleros *Wilhelmi Bernardi f.* *Wilhelmus Gyssen* gubernator Liburnicae, & *Ioannes a Nuffelen Wilhelmi Bernardi f.* scriba. Cum illi ter suos sclopos explosissent, nec tamen profecissent, idem scriba aliquantulum progressus, ut ursum inter jactum haberet, ursi caput globo trajecit circa oculos, nihilominus ursus cadaver per occiput retinens, sustulit caput, sed paulatim vacillare coepit. Tum scriba, & socius quidem gladijs ita ceciderunt, ut confligerentur, nec tamen ursus praedam dimittere volebat. Tandem *Wilhelmus Gyssen* adcurrit, & omnibus viribus ursi nasum suo sclopo, contudit, tum primum ursus in terram procidit magno cum eiulatu, & *Wilhelmus Gyssen* in corpus eius insiliens, guttur illi praecidit.

7. Septemb. Deinde sepultis cadaveribus sociorum in Ordinum insula 7. Septembris, urso pellem detraxerunt, quam Amstelrodamum retulerunt.

9. Septemb. Septembris 9. ab insula Ordinum vela dedimus, terrae crepidinem legentes, sed glaciem tantam & adeo valide profluentem reperimus, ut pervadere nequiremus, sic ut sub noctem denuo ad Ordinum insulam reverteremur Zephyro spirante. Admiralij Liburnica Roterodamensis in brevia quaedam impegit, sine noxa tamen pervasit.

10. Septemb. X Septembris denuo ex Ordinum insula vela dantes versus *Weygats*, binas scaphas praemisimus ad mare, ad explorandam glaciem, & sub vesperam simul appulimus in *Weygats*, ubi anchoras jecimus apud Dissedij angulum sive Promontorium.

11. Septemb. XI. Septembris mane, denuo vela fecimus in Tartaricum mare, sed iterum in plurimam glaciem incidimus, ut denuo in *Weygats* redeundum fuerit, & apud Crucis angulum anchorae figendae. Circiter mediam noctem conspeximus Russicam navem ab Imaginum angulo versus Samoitarum regionem vela facientem.

13. Septemb. XIII. Septembris tempestas suborta est, circa Solem existentem in Austro, ex Africo nebuloso & humido caelo, cum nivis procella, & invalescente adeo tempestate, ut ab ea ferremur, & pelleremur.

14. Septemb. XIIII. Tempestas mitescere coepit, ventusque conversus ad Arctozephyrum aqua autem valde profluente a Tartarico mari, caelum vero serenum usque ad vesperam, spirante vesperi Arctapeliote. Eodem die profecti sunt nostri ad aliud *Weygats* latus ad continentem, ad alvei profunditatem scrutandam, prorsus in anfractum ponte insulae lingulam penetrarunt, ubi aediculam ligneam repererunt & ingentem aquae torrentem. Eodem die mane convolvimus rudentem anchorae ad navem attrahentes & malum attollentes, arbitrabamur denuo nostram navigationem nos prosequuturos: sed cum Admirallius alterius esset opinionis illic haesimus usque ad 15. Septembris.

15. Septemb. Eodem die mane denuo profluere coepit in Orientale latus *Weygats* glacies, adeo ut subito anchoras sublevare cogeremur, & eodem die ex occidentali latere *Weygats* vela fecimus cum tota classe domum versus, ut illo ipso die insulas *Marsse & Delgoy* praeteriremus, & tota nocte navigavimus versus Hyperargestem per 32. milliaria usque ad diem Saturni mane: noctu ventus conversus est ad Arctapeliotem & minuit.

16. Septemb. XVI. Septembris ab aurora usque ad noctem vela facta versus Corum per 18. milliaria ad 42. orgyiarum profunditatem. Decidebat nix densa & ventus vehementer flabat ex Arctapeliote. Primo quadrante reperta profunditas 40. orgyiarum, mane nullam totius classis navem conspeximus.

17. Septemb. Deinde tota adhuc nocte velificatio facta usque ad 17. Septembris mane, duobus maioribus velis sine appendicibus, versus Hyperargestem, & Corum sive Argestem per 10. milliaria. Eodem die, secundo quadrante habuimus profunditatem 30. orgyiarum, & matutino tempore 30. Orgyiarum fundo arenoso nigris maculis distincto.

Dominico die mane versus est ventus ad Septentriones & Circium valde vehemens. Tum ad nos advenit Admiralij Liburnica, quae nobiscum vela fecit ab aurora usque ad vesperam, uno velo duntaxat explicato versus Lybonotum & Hypolybonotum, per sex milliaria. Tunc nobis conspectus est angulus *Candynae* nobis oppositus ad Notapeliotem, profunditas 27. orgyiarum, arena rubra nigris punctis distincta.

Die

Die Dominico vesperi, dolon denuo expansum fuit & ad arcton conversus, & velificatio facta tota nocte usque ad diem Lunæ mane, versus Arctapeliotem & Hypercaecium per 7 aut 8 milliaria.

18. Septembris mane nostram Lilumacam quæ nos sequebatur non conspeximus, quam requirentes usque ad meridiem, reperire nequivimus, & ferebamur versus Subsolanum per tria milliaria. Tum à meridie usque ad noctem continuata navigatio versus Hyperboream per quatuor milliaria. 18. Septemb.

Deinde à die Lunæ vesperi usque ad diem Martis mane, versus Meloboream per 7. milliaria, & ab aurora usque ad meridiem continuatus fuit is cursus per quatuor milliaria: à meridie vero usque ad noctem versus Hyperboream per 5. aut 6. milliaria cum profunditate 55 orgyiarum. 19. Septemb.

Eodem vespere conversa vela versus Austrum & navigatum usque ad auroram.

20. Septembris directus cursus ad Mesolybonotum & Lybonotum per 7. aut 8. milliaria, cum profunditate 80. orgyiarum & limo nigro. 20. Septemb.

Deinde dum vela ab aurora usque ad meridiem expansa essent binis thoracis sive velis in summo malo, fastigio versus Mesolybem per 3. milliaria: & à meridie usque ad vesperam versus Hyperlybem per 5. alia milliaria.

21. Septembris à vespertino tempore usque ad diem Iovis mane ad quartam Zephyri, deinde usque ad lucem versus Zephyrum per 7. milliaria ad profunditatem 64. orgyiarum fundo uliginoso. 21. Septemb.

A diluculo usque ad meridiem versus Notozephyrum per 3. milliaria cum profunditate 65. orgyiarum fundo uliginoso. Meridie conversus cursus ad arcton & velificatio facta tribus horis versus Arctapeliotem per bina milliaria. Tum denuo conversus cursus versus Zephyrum & velificatum usque ad noctis secundam quartam cum binis majoribus velis sine appendicibus, versus Austroafricum & Hyperlybonotum, per 6. milliaria.

Deindem secunda quarta seu quadrante secundo denuo ad arcton converso cursu, vela data usque ad diem Veneris mane 22. Septembris versus Hyperboream & Boream per 4. milliaria deinde ab aurora usque ad meridiem versus Arctapeliotem per 4. milliaria. 22. Septemb.

Tum converso cursu ad Zephyrum, velificatio facta versus Hyperargestem & Arctozephyrum per tria milliaria: deinde primo quadrante versus Hyperargestem per 3. milliaria, & secundo quadrante versus Mesargestem per 4. milliaria, deinde usque ad diei Sabathi auroram 23. Septembris, versus Africum & Mesolybem per 4. milliaria. A diei Saturni diluculo usque ad vesperam cum majoribus binis velis sine appendicibus versus Notozephyrum & Mesolybem per 7. aut 8. milliaria, spirante Circio. 23. Septemb.

Sub noctem ad Arcton conversi, vela fecimus usque ad Dominicum diem mane 24. Septembris cum binis majoribus velis sine appendicibus, versus Subsolanum, valide flante Coro, per 8. milliaria, & à diluculo usque ad meridiem versus Hypereurum, per tria milliaria, spirante Aparctia. 24. Septemb.

Tum convertentes nos ad Zephyrum, vela fecimus usque ad vesperam versus Africum, per tria milliaria: & tota nocte usque ad diei Lunæ auroram 25. Septembris versus Hyperlybonotum, per 8. milliaria, spirante Aparctia. 25. Septemb.

Diluculo, vento mutato in Arctapeliotem, vela dedimus usque ad noctem versus Favonium & Mesargestem, per 10. milliaria. Demum bolide ad 63. orgyias fundus arenosus repertus.

Ab eo vespere usque ad diei Martis diluculum 26. Septembris velificatio facta versus Zephyrum per 10. milliaria. Tum comperimus nos proximos esse continenti circiter tribus milliaribus ad Orientalē partē *Kildüyn*. Mane à terræ crepidine nos convertentes, recessimus fere per spatium trium horarum. Postea convertimus nos denuo versus continentem, existimantes in *Kildüyn* ingredi, sed infra delati sumus, quam ob rem à meridie denuo à continente recessimus, & vela fecimus usque ad vesperam versus Circium per 3. milliaria. 26. Septemb.

Deinde adhuc à vespere usque ad secundam ante diluculum diei Mercurij 27. Septembris, versus Subsolanum per 4. milliaria. Tum conversi ad Zephyrū, vela fecimus usque ad vesperam versus Mesargestem per 8. milliaria; & circa noctem denuo pervenimus prope *Kildüyn*. Tum à crepidine conversi per binos quadrantes vela fecimus versus Hypercæcium & Cæcium, per 6. milliaria. 27. Septemb.

Tum circiter diluculum diei veneris 28. Septembris nos convertentes, vela dedimus vento admodum varie spirante, mane in unam partem, modo in alteram, usque ad vesperam, conjectura facta, *Kildüyn* à nobis abesse versus Zephyrum 4. milliaribus: atque spirante Cæcia, vela fecimus versus Circium & Mesothraciam usque ad diei Saturni diluculum per 12. aut 15. milliaria. 28. Septemb.

29. Septembris mane navigavimus versus Hyperargestem per 4. milliaria, toto illo die usque ad noctem, fuit jucundus aer, tranquillitas, & Solis splendor. Vespere, vela fecimus versus Africum, & pervenimus circiter 6. milliaribus à continente, continuavimusque cursum usque ad Dominicum diem 30. ejusdem mensis, versus Circium, per 8. milliaria. Tum converso cursu ad continentem, pervenimus eo die in *Waerhuys*, & ibic hæsimus usque ad 10. Octobris. 29. Septemb. 30. Septemb.

10. Octobris solventes ex *Waerhuys*, pervenimus in Mosam 18. Novembris, atque voluimus cursum aut milliaria à *Waerhuys* in Hollandiam usque adscribere, ut non necessaria, quia ea navigatio est quotidiana. 10. Octob. 18. Novemb.

Finis Secundæ Navigationis.

NARRATIO TERTIAE NAVIGATIONIS QVÆ ANNO M. D. XCVI. AD ARCTON EST INSTITVTA VERSVS REGNA CATTHAY, ET SINARVM.

POSTQVAM, ut relatum est, 7. illæ naves ex Septentrionali navigatione redierunt, non cum eo fructu qui sperabatur: potentes Ordines probè consideratis omnibus rebus, deliberarunt, an Provinciarum nomine tertio aliquis apparatus fieri deberet, ad inceptam navigationem perducendam ad optatum finem, si possibile sit. Post multas deliberationes & consilia varia, in eam tandem sententiam est itum ab Ordinibus. Ut si qui essent, sive civitates, sive mercatores, qui eam navigationem adhuc experiri vellent suis sumptibus, id licere, atque navigatione absoluta, ex qua sequi possit, transitum navigantibus patere, Provinciarum nomine, divite honorario donandos ui, certâ summâ etiam indicta. Illis conditionibus fuerunt tenuo ab honorando Senatu Amstelrodamensi, binæ naves initio anni apparatæ, & nautæ accepti, quibus duæ conditiones fuere propositæ, videlicet quid essent accepturi, si re infecta reverterentur: quid contra auferrent, si penetrare possent, pollicitatione facta, si navigationem commode absolvissent, præmio non vulgari fore donandos, ad excitandos nautarum animos, quos nullibet quoad fieri posset, diligerent, qui minus coniugum & liberorum amore impedirentur ab opere, aut à navigatione abhorrerent.

His ergo conditionibus fuerunt initio Maij ad vela facienda apparatæ. In una fuit Nauclerus *Iacobus Heemskerk Henrici f.* cui etiam commissa mercium sive negociationis cura, & *Willelmus Bernardi f.* summus Gubernator: In altera verò *Ioannes Cornelij f. Rijp*, tanquam Nauclerus, & cui etiam mercium quas mercatores navi imposuerant, cura tradita.

5. Maij. 13. Maij. V. Porro Maij anno M. D. XCVI. facta est lustratio nautarum utriusque navis, & 10. ex Amstelodamo vela facientes, 13. in Vlie pervenerunt.

16. Maij. XVI. Vela fecimus ex Vlie, sed æstu desinente, & spirante Aquilone, coacti fuimus rursus ingredi, & *Ioannis Cornelij f.* navis impegit in fundum, sed liberata fuit, demumque anchoras fiximus ad Orientale latus *Vlielandt*.

18. Maij. XVIII. Maio denuo vela fecimus ex *Vlie*, spirante Arctapeliote, tenentes cursum versus Circium.

22. Maij. XXII. Maij conspeximus insulas *Hitland* & *Feyeril* spirante Arctapeliote.

24. Maij. 29. Maij. XXIIII. Prosperum ventum nacti, vela fecimus versus Arctapeliotem usque ad 29. Tum ventum habuimus adversum Arctapeliotem qui nobis Thracium exortus.

30. Maij. XXX. Maij denuo prospero vento spirante velificatio facta versus Arctapeliotem, & Solis altitudo requisita radio astronomico, quem comperimus elevatum supra Horizontem 47. gradibus, 42. scrupulis. Declinatio erat 21. gradibus 42. scrupulis, sic ergo Poli altitudo 69. graduum 24. scrupulorum.

Iunius 1596. 1. 2. Iunij. 4. Iunij. 1. Iunij nullam noctem habuimus & 2. denuo adversum ventum nacti fuimus, sed 4. Corum nobis faventem habuimus, tendentibus ad Arctapeliotem.

Tres Soles. Sole existente circa Euronotum, admirandum signum in cælo conspeximus, nam ex utroque Solis latere apparebat alius Sol, & binæ Irides intersecabant tres eos Soles, deinde aliæ duæ Irides apparebant, una late Solem ambiens, & alia illum per medium secans, maiorisque Solem ambientis pars inferior elevata erat supra Horizontè 28. gradibus. Meridie Sole in summa sua exaltatione existente, Astrolabio deprehensum eum supra Horizontem 48. gradibus 41. scrupulis elevatum esse, declinatio erat 22. graduum 17. scrupulorum, 22. illis gradibus & 17. scrupulis additis ad 48. gradus & 41. scrupulos, comperimus nos Poli altitudinè 71. graduum habuisse.

Ioannis Cornelij f. navis nobis ventum admittebat, neque ad nos accedebat, sed profecti sumus illi uno rhombo obviam, versus Arctapeliotem tendentes, quoniam existimabamus nos nimium versus Zephyrum tendere, ut postea apparuit, alioqui cursum versus Arctapeliotem direxissemus. Cum sub vesperam convenissemus, illi diximus, magis ad Orientem cursum debere dirigere, quia nimium ad Occidentem tendebamus. sed eius navis Gubernator respondit se non velle in *Weygats* fretum ingredi. Eorum cursus ad Hyperarctiam erat, & nos pene 60. milliaribus in Mari propius Continenti eramus, cùm deberemus ad Arctapeliotem tendere, cum Septentrionale Promontorium conspiceremus propterea convenisset nam potius versus Caecium tendere quàm versus Aquilonem, quia adeo ad Occidentem declinaveramus, ut denuo in rectum cursum navigationem reduceremus. propterea illis contemplantes diceremus nos debuisse, potius versus Orientem cursum dirigere, saltem per aliquot milliaria, donec denuo in rectum cursum reduxissemus, quod adversorum ventorum flatu perditum erat, tum etiam quod Arctapeliotes spirabat: sed quidquid illis diceremus, & ipsis consuleremus, aliam cursum tenere noluerunt quam versus Boream, quia, ut aiebant si versus Orientem tenderemus, in *Weygats* nos perventuros. & cum multis argumentis verbis non possemus illis persuadere, nos uno rhombo ad eorum dexteram vela fecimus.

Delineatio

Delineatio sive figura admirandi signi in caelo conspecti 4. Iunij anno M. D. XCVI. *Solis utrinque duos Soles habentis, & duos arcus [illegible] duos ex tribus Solibus [illegible], deinde alterum [illegible], atque [illegible] Solem ambientem, & alterum magnum [illegible] orbem [illegible], cuius [illegible] orbis infimam partem supra Horizontem elevata 28. gradibus.*

V. Iunij apparuit nobis prima glacies, quod admirati sumus, existimantes initio Cygnos albos esse, quia quidam ex nostris supra tabulata obambulans inopinanter exclamare cepit albos cygnos istic natare. Quod audientes qui sub tabulato erant, subito exiliunt, atque animadvertunt glaciei fragmenta esse abrupta à maiore glacie & similia, cygnis non dissimilia, quia iam advesperascebat. Media nocte per glaciem vela fecimus, atque Sol parte uno gradu supra Horizontem erat. 5. Iunij.

VI. Iunij sub vesperam circa quartam horam denuo in glaciem incidimus, adeo abundantem, ut penetrare nequiremus, sed cursus divertendus esset versus Mesolybeam per quatuor horarum spatium. Deinde cursum institutum prosequuti sumus versus Boream, secundum glaciem navigantes. 6. Iunij.

VII. Iunij Solis altitudinem dimensi sumus, quae fuit supra Horizontem 37. gradibus 52. scrupulis, eius declinatio erat 22 grad. 38. scrupulorum, qui additi altitudini repertae, 74. gradus efficiunt quibus polus fuit elevatus. Hic adeo densam glaciem reperientes, quae verbis vix exprimi possit, secundum eam navigationem instituimus, perinde ac si inter duos continentes vela fecissemus atque aqua non minus viridis erat quam gramen, sic ut arbitraremur nos apud *Groenlandiam* esse, atque quo longius progrediebamur, eo magis in densiorem glaciem incidebamus. 7. Iunij.

VIII. Iunij ad magnum glaciei cumulum pervenimus, ut penetrare nequiremus ob summam densitatem, propterea convertimus cursum versus Mesolybeam per horae spatium, & per sesqui horam versus Austroafricum, & deinde adhuc per sesquihorae spatium versus Austrum, cum ut ad Insulam quam conspiciebamus, appelleremus, tum etiam ut glaciem vitaremus. 8. Iunij.

IX. Iunij reperimus insulam sitam sub 74. gradu & 30. scrupulis, quinque ut coniectabamus milliaribus amplam. 9. Iunij.

X. Iunij, educta scapha, octo in insulam vehebamur, sed transeuntes secundum *Ioannis Cornely f.* navem, octo alij viri cum navis gubernatore in nostram scapham ingressi. Tum percontatus est eum *Wilhelmus Bernardi f.* similiter noster gubernator, an non nimium ad Occidentem delati essemus, sed ille praefracte non voluit id fateri, qua ob caussam multa fuerunt commutata verba, quia *Wilhelmus B. f.* contrarium demonstrare volebat, ut se vera erat. 10. Iunij.

11. Iunij. XI. Iunij ad terram pervenientes, multa Gavitarum ova invenimus: sed in magnum vitæ periculum incidimus, cum conscenso nivibus obsito monte prærupto, in descensu, videbamus præcipites vel in præceps lapsuri adeo præruptus erat is mons, sed natibus insidentes, paulatim per lubrica delapsi sumus, ut etiam conspectum ibus metus incuteretur: nam cum ad radices montis plurimi essent scopuli parum abfuit quin in eos præcipites ferremur, atque ita confringeremur: sed Dei auxilio sine ulla noxa descendimus. Interea *Wilhelmus Bernardi f.* qui è scapha nos descendentes conspiciebat in maiore quàm nos formidine versabatur. Inde scapham remis impellendo, ad *Ioannis Cornelij f.* navem appulimus & istic ova edimus.

12. Iunij. XII. Iunij mane album ursum conspeximus, quem scapha remis impulsa persequuti sumus, existimantes laqueo in eius collum iniecto, posse eum capere: sed vicini ipsi facti animadvertimus adeo robustum, ut adgredi nõ auderemus, & ad navem regressi sumus plures & arma accersituri, deinde rursum illum insequuti sumus cũ sclopis, securibus romanis quas hallabardas vulgo vocant, & communibus securibus: adiunxerunt se etiam *Ioannis Cornelij f.* nautæ cum sua scapha, ut nobis auxilio essent.

Probe igitur muniti viris & armis, binas scaphas remis impulimus versus ursum, quem fere per binas horas oppugnavimus, quia nostris armis vix illum attigimus, tandem magna securi vulnus adeo valide eius dorso incussit ut ea in vulnere hæserit, nihilominus cum securi enatavit, sed semper eum persequentes, tandem eius caput securi confractum, adeo ut mors consequeretur. Cadaver deinde in *Ioannis Cornelij f.* navem illatum, excute detraximus, quæ fuit 12. pedes longa, eius carnes etiam degustare voluimus, sed fuerunt nobis noxæ. Eam insulam nuncupavimus Ursi insulam.

Delineatio admirabilis pugnæ cum feroce & importuno urso facta, quem binis scaphis viris plenis diu oppugnavimus, & magna ex parte armis confregimus, ante quam eum superare possemus: propterea Insulæ, in qua hoc contigerat, ab urso cognomen indidimus.

13. Iunij. XIII. Iunij solvimus ab Insula & versus Septentrionem tendebamus aliquantulum ad Orientem declinantes, spirante Zephyro & Nortzephyro, secundo progressu, sicut Sole existente in Septentrione 16. milliaria secundum coniecturam confeceramus ab Insula versus Septentrionem.

14. Iunij. XIIII. Iunij circiter Solem in Aparctia versantem, demissa est bolis ad 113. Orgyias, nec fundus repertus;

15. Iunij. & vela ut ventus dare usque ad 15. Sole in Austro existente, nebuloso & pruinoso aere, versus Aparctiam & Hyperboream. Circa vesperam aere aliquantulum lucidiore facto magnum quidpiam in mari fluitans conspeximus,

mus, quod initio navem esse arbitrabamur, sed vicinores facti, ingentem esse a alinam [illegible], cui insidebant tam magnus numerus, & valde foetidi odoris: tum ad. adhuc milliaria conficeramus.

XVI. Tali progressu vela facientes versus Hyperboream ac boreo-[illegible] aere, glaciem [illegible] ante quam eam videremus, tandem clarescente aere eam conspeximus, & ab ea divertimus, cum secundum nostram conjecturam per 30. milliaria vela fecissemus. 16. Iunij.

XVII. & XVIII. Iunij demum conspeximus maximā glaciei quantitatem, secundum quam velificatio facta donec ad angulū perveniremus, quem superare nequivimus, quia Noraphelioles nobis erat adversus, & Glaciei angulus nobis ad Austrum erat oppositus. Ubique aliquamdiu navigavimus, ut illum superaremus, sed irrito labore. 17. 18. Iunij.

XIX. Iunij demum terram conspeximus. Tum sumpta Solis altitudine, cum reperiremus supra Horizontem 36. graduum & 45. scrupulorum esse declinatio erat 23. graduum & 26. scrupulorum, qui altitudini Solis superaddendi, faciunt altitudinem Poli 80. graduum & 11. scrupulorum. 19. Iunij.

Haec terra valde ampla erat, secundum quam versus Zephyrum vela fecimus usque ad 79. gradum [illegible], ubi commodam Navium stationem invenimus, nec terram propius accedere licebat, quia Aestu [illegible] [illegible] recte à terrā, & Sinus [illegible] in mare versus Austrum [illegible].

XXI. Iunij anchoram [illegible] ante continentem, & nos cum Ioannis Cornelij f. *navis praefecto [illegible] ad Occidentale latus terrae, saburram requisituri, cumque cum saburra ad navim reverteremur, ursum album conspeximus [illegible] navem adnatantem, qua causa fuit ut opere relicto in scaphum descenderemus, &* Ioannes Cornelius f. *navis praefectus, & remis scaphum impellentes Ursum persequeremur, quem [illegible] à continente propellebamus. Illum versus altum mare natantem persequebamur, & cum nostra scapha lentius progrederetur, [illegible] adduximus, ad cursum commodius persequendum: sed ille in mare pene milliari [illegible], cum nos illum persequeremur [illegible] parte nautarum & robore scaphae, plurimumque laboravimus, caedendo & feriendo, ut maior ex parte nostra arma confringeremus. [illegible] unguibus in [illegible] ut etiam vestigia relinquerentur, idque in anteriori parte, quod si in latere scaphae pedem iniecisset, eam forte evertisset, adeo robustos habent ungues: tandem cum diu inter nos luctati eum fatigassemus, eum superavimus & mactavimus, & in navem pertractum excarnificavimus, cuius pellis 13. pedes longa.*

Deinde cum nostra scapha [illegible] per milliare remigavimus, [illegible] commodam portum reperimus & solidum fundum, ad Orientale terrae latus arenosus erat fundus, [illegible] reperimus fundum ad 30. Orgyias, deinde ad 18. & 10. Et continuantes remigationem invenimus ad Orientale latus binas Insulas, ad Orientem in mare protenderentur. Ad Occidentale latus erat etiam ingens Sinus, qui pene Insulam circumdabat. Tum remigantes ad Insulam quae media erat, in ea multa ova Bernicla (quas Hollandi Rotganse *appellant) & ipsas nidis incubantes invenimus, quae fugata clamabant, Rot, Rot, Rot, [illegible] & lapide [illegible] occidimus, quam eodem edimus cum circa 60. ovis, quae in navem detulimus.* *

Hi anseres, sive Bernicla, fuerunt veri anseres Rotganses *dicti, quales magno quantitate singulis annis circa [illegible] in Hollandiā veniunt & capiuntur, quorum hactenus ignoratum fuit ubi ova ponerent, & pullos educarent. [illegible] ut nonnulli Auctores non veriti sint scribere, quod in Scotia in arboribus nascantur, quarum rami supra aquam expansi, si fructus in aquam decidant, in [illegible] pullos gignat qui [illegible], qui vero in terram, corrumpi, nec ad [illegible] pervenire. Quod falsum esse nunc apparet. Nec mirum hactenus ignoratum esse ubi hae aves ova ponerent, cum nullus, quod compertum sit, unquam ad 80. usque gradum pervenerit, nec ea regio illo loco unquam fuerit cognita, multo minus illic nidos eorum incubantes.*

Illud etiam animadversione dignum, quod licet haec regio, quam arbitramur esse Groenlandiam, sita sit sub 80. gradu & ultra, nihilominus frondibus & gramine abundat, & animalia gramine vescentia alat, ut sunt Rangiferi & alia [illegible]. In Nova tamen Zembla, quae sub 76. gradu est, neque frondes neque gramen reperimus, nec etiam animalia gramine vescentia, sed carnivora duntaxat, ut Ursi & vulpes, cum tamen 4. gradibus remotior à Polo sit, quam Groenlandia. NOTA [illegible]

XXIII. Iunij subductis anchoris vela fecimus in mare versus Anthropophytum, procul tamen navigare nequivimus, quia [illegible] nobis fuit glacies, regressique fumus in eundem locum unde discesseramus, anchorasque fiximus ad 18. orgyiarum altitudinem. 23. Iunij.

Deinde denuo sublatis anchoris navigavimus secundum Occidentalem crepidinem, & nostri nautae in terram excenderunt, ut observarēt variationem acus pyxidulae nauticae. Interea albus ursus ad navem adnatabat, & in eā conscendisset, nisi exclamassemus, petijmus eum sclopo, eam ob causam à nave recedens natabat versus Insulam in qua nostri erant. Quod conspicientes, vela fecimus versus terram, & valde exclamavimus, ita ut nostri aestimarent nos in scopulum impegisse, & valde anxij essent, & simul ursum terror invaderet, ut denuo à continente natare, & nostros deserere, quia se non meliori iure fumus [illegible], quia nostri inermes erant.

Quantum ad variatione pyxidulae nauticae, propter quam in terram excenderant, ut perfectius mensuraretur, cōpererunt 16. graduum differentiam.

Eodem die pervenimus in aliam insulam, in qua comperimus pyxidulae variationem prorsus diversam, sic ut paucam conjecturam inde sumere possemus, illinc ablatis aliquot ovis, denuo ad navem remigijs acti sumus.

XXIIII. Iunij spirāte Norapeliote, eam insulam superare nequivimus, eam ob causam regressi, alium portum reperimus 4. milliarib. distantem à priore ad Occidentale latus maioris portus, & istic demisimus anchoras

 ad

ad 12. orgyiarum profunditatem, remis acti sumus satis magno spatio interius, & excensione in terram facta, binos Bolwari dentes reperimus simul sex libras pendentes. Plures alios dentes minores adhuc reperimus, & denuo ad navem rediimus.

25. Iunij. XXV. Iunij sublatis denuo anchoris vela fecimus secundum terram versus Austrum & Austroafricum, spirante Borea usque ad 79. gradum. Ubi reperto ingenti Sinu, in eo navigavimus circiter per 10. milliaria versus Austrum: sed observavimus non esse pervium. Demissa interdum bolide ad 10. orgyias, sed nos obliquo cursu denuo egredi oportuit quia ventus spirabat ab Arcto, & ad Arcton tendere debebamus, & animadvertimus ad eminentem portigi, quod e longinquo, quia humilis terra erat, observare nequiveramus, propterea vela fecimus quam proxime potuimus, donec animadverteremus, & obliqua navigatione denuo egrediendum esset 27. die.

27. Iunij.

28. Iunij. XXVIII. die superavimus angulum ad Occidentale latus sinum, ubi tanta erat frequentia avium, ut prae stupiditate in nostra vela impingerent volantes, & circiter per 10. milliaria versus meridiem navigavimus, & deinde versus Occidentem ad evitandam glaciem.

29. Iunij. XXIX. Iunij velificatio facta secundum terram versus Norapeliotem aliquantulum ad Subsolanum vergentem, usque ad 76. gradus 50. scrupulos, quia a terra secedere debuimus glaciei causa.

30. Iunij. XXX. Iunij navigavimus versus Austrum aliquantulum vergentes ad Subsolanum, tum sumpta Solis altitudo que fuit supra Horizontem 51. gradibus 40. scrupulis eius declinatio erat 23. gradium, 20. scrupulorum qui additi elevationi reperte, indicant nos fuisse sub 75. gradu.

IULIUS. 1596.

1. Iulij. Prima Iulij denuo nobis apparuit Ursorum insula. Tum *Iohannes Cornelij f.* cum iis qui in eius navi aliquo munere fungebantur ad nostram appulit, & nos compellavit de cursu mutando: atque ut eramus alterius opinionis quam ipse, decretum fuit ut nos cursum nostrum prosequeremur, & ipse suum. videlicet, ipse, prout desiderabat, denuo navigaret versus 80. gradum, nam imaginabatur, se facile penetrare posse ad Orientale latus terrae sub 80. gradu fere, atque in hunc modum ab invicem segregati sumus, ipsi enim versus Arcton navigarunt, & nos versus Austrum, ob glaciem spirante Vulturno.

2. Iulij. Iulij 2. navigavimus versus Orientem, habentes elevationem 74. gradum spirante Circio, & convertimus nos ad alterum angulum spirante Cacia & navigavimus versus Arcton Sub vesperam, Sole existente in Mesoborea, denuo cursum convertimus propter glaciem, Subsolano flante, & vela fecimus versus Euronotum, atque circa Solem existentem in Vulturno, denuo cursus mutatus glaciei causa. Sole autem in Africo existente, convertimus denuo versus Arctapeliotem.

3. Iulij. III. Iulij habuimus altitudinem 74. gradum cum Mesouro, velaque fecimus versus Mesoboream. Deinde spirante Austro nos convertentes navigavimus versus Vulturnum donec Sol circa Arctozephyrum esset. Tum coepit ventus intensior fieri.

4. Iulij. IIII. Iulij vela dedimus versus Mesocaeciam, nec glaciem conspeximus, quod admirati sumus, quandoquidem sub prima altitudine navigaremus sed circa Solem existentem in Austro, convertere nos oportuit glaciei causa, & cursum tenuimus versus Zephyrum, spirante Aparctia: deinde Sole in Aparctia existente, spirante Arctapeliote, navigavimus versus Vulturnum.

5. Iulij. V. Iulij vela fecimus versus Boream, donec Sol in Austro esset. Deinde cursum convertimus ad Vulturnum spirante Arctapeliote. Tum perquisita Solis altitudo quae fuit supra Horizontem 50. gradibus 25. scrupulis, declinatio erat 22. graduum, 33. scrupulorum seu minutorum, his additis ad altitudinem repertam, compertum est nos Polum habere elevatum 73 gradibus & 20. minutis.

7. Iulij. VII. Iulij demisimus bolidem cum integro funiculo qui apprensus erat, funiculo, nec fundum reperimus, ferebamur a Hypercaecia versus Hypereurum, eramusque sub elevatione 72. gradum 30. scrupulorum.

8. Iulij. VIII. Iulij prospero spirante Hyperboreo, navigavimus versus Mesocaeciam cum frigidiuscula aura pervenimus ad Poli elevationem 72. grad. 15. scrup.

9. Iulij. IX. Spirante Zephyro, vela fecimus versus Mesocaeciam, 10. autem circa Solem existentem in Lybonoto, demissa bolide ad 160. orgyiarum profunditatem, spirante Mesoborea, navigantes versus Hypereurum ad elevationem 72. graduum.

11. Iulij. XI. Habuimus profunditatem 70. orgyiarum, nec glaciem invenimus, tum coniectura fuit nos esse recte ad Austrum & Aparctiam *Candinas*, quod Orientalis est angulus albi maris quod ad Austrum nobis erat oppositum, habentes arenosum fundum, erat autem pulvinus porrectus in mare, sic ut non dubitaremus quin essemus supra pulvinum Maris albi: quia tota illa ora nunquam arenosum fundum reperieramus praeter pulvinum illum, spirabat Hypereurus & navigavimus versus Austrum & Mesonotonotum, sub elevatione 71. gradum, nacti deinde Euronotum, cursum direximus versus Arctapeliotem, ut superare possemus pulvinum.

Mane sortiti sumus cum tranquillitate, & comperimus nos esse sub elevatione Poli 72. gradibus, & nacti denuo Vulturnum circa Solem existentem in Notozephyro, vela fecimus versus Arctapeliotem, & demissa bolide reperta est 130. orgyiarum profunditas fundi argillosi, superaveramusque pulvinum qui valde angustus erat, sicut septem horarum spatio, Sole in Borea existente, eum superavimus.

XII. Iulij spirante Apeliote, navigavimus versus Hyperboream. Nocte circa Solem in Borea existentem, conversis cursu quia Borea spirabat, velificatio facta versus Hyperzephyrum, donec primum glaciem esse visam. 12. Iulij.

XIII. Iulij spirante Borea, navigavimus versus Subsolanum, & sumpta Solis altitudine, eam esse deprehendimus 32 gradibus 2 scrupulis supra Horizontem, declinatio erat 21. grad. 54. scrupulis, qui adiuncti altitudini repertæ, reperta est Poli altitudo esse 73. & denuo incidimus in glaciem, sed non multam, arbitrati nos Willoughby terra vicinos esse. 13. Iulij.

XIIII. Iulij spirante Circio, vela fecimus versus Arctapeliotem, & durante prandio per glaciem, & demissa inter mediam glaciem bolide, invenimus profunditatem 90. orgyiarum, altero quadrante demissa iterum bolide, altitudo 100. orgyiarum reperta, & tam procul in glacie navigavimus, ut ulterius nequiremus, quia nulla apertura apparebat, sed cum magno labore debuimus nos ex glacie expedire cursum huc illuc oblique convertendo, flante Zephyro, tum habuimus altitudinem 74. graduum 10. scrupulorum. 14. Iulij.

XV. Iulij cum tranquillitate ferebamur inter mediam glaciem, & demissa bolide, altitudo reperta 120. orgyiarum, & spirante Apeliote navigavimus versus Notozephyrum. 15. Iulij.

XVI. Iulij egressi glacie, conspeximus ingentem ursum ipsi insidentem, qui nobis conspectis in aquam insilijt, nobis illum velificatione facta sequentibus, denuo supra glaciem se contulit, globo tamen illum petijmus. Navigantes versus Eurum nullam glaciem observavimus, & arbitrabamur nos non procul abesse à Nova Zembla, qui ursum glaciei insidentem videramus: demissa bolide 100. orgyiarum profunditatem invenimus. 16. Iulij.

XVII. Observavimus Solem elevatum esse supra Horizontem 37. gradibus 55. scrupulis, eius declinatio erat 21. grad. scrup. 15. qui deducti de elevatione manent 16. gradus scrupuli 40. & detracti de 90. gradibus, Poli altitudinem demonstrarunt esse 73. graduum 20. minutorum. Sole circa Austrum existente conspeximus continentem Novæ Zemblæ circa Lomsbay. Sed ego omnium primus. Tum mutato cursu navigavimus versus Hyperzephyrum, & omnia vela contraximus præter anterius Thoracium & epidromum. 17. Iulij.

XVIII. Iulij apparuit denuo nobis terra, cum haberemus altitudinem 75. graduum, & vela fecerimus versus Mesoboream, spirante Arctozephyro. Superavimus autem angulum Insulæ Admiralitatis cognomine dictæ, spirante Zephyro, & navigantes versus Caurum, porrecta vero est terra ad Hyperzephyrum. 18. Iulij.

XIX. Iulij pervenientes ad Crucis insulam (sic appellatæ ob duas Cruces in ea sitas) longius progredi nequivimus propter glaciem quæ adhuc in crepidine iacebat, & Zephyrus adhuc in crepidinem spirabat. Poli altitudo erat 76. graduum & 20. scrupulorum. 19. Iulij.

XX. Iulij sub insula fiximus anchoras, longius enim progredi nequivimus glaciei causa. Propterea educto lembo, octo remigavimus ad terram, & profecti sumus versus unam Crucem apud quam quievimus aliquantulum, ut porro ad alteram progrederemur, in itinere observavimus duos ursos apud aliam crucem, & prorsus inermes eramus. Ursi sese ad crucem erexerant, ut facilius nos conspicerent, quia meliorem habent odoratum quam oculorum aciem, cumque nos essent odorati, sursum se erexerunt, & deinde ad nos adventarunt, unde non levem timorem concepimus, & denuo versus nostrum lembum regressi sumus, interdum nos obvertentes ad observandum an nos subsequerentur: & ad fugam nos componebamus nisi nauclerus nos detinuisset, exclamans, qui primus fugæ se dabit eum harpagone, quem manu tenebat, confodiam, nam præstat simul coniunctos manere, & facere periculum an nostro clamore possimus metum illis incutere: itaque sensim ad lembum regressi sumus atque in hunc evasimus, valde læti, quod id periculum effugissemus, & rem ut erat gesta, alijs referre liceret. 20. Iulij.

XXI. Iulij, dimensa Solis altitudine, reperta est supra Horizontem 35. gradibus 15. minutis: declinatio erat 21. gradibus detractis ab altitudine inventa restant 14. gradus, qui à 90. detracti, constituunt Poli elevationem 76. graduum 15. scrupulorum. Compertum pyxidulæ nauticæ acum 26. gradibus integris aberrare. 21. Iulij.

Eodem die bini nostri nautæ denuo versus Crucem profecti sunt, neque ab ursis ullum impedimentum invenerunt. Nos eos subsequuti sumus cum armis, metuentes ab infortunio, cumque ad secundam crucem pervenissemus duorum ursorum adhuc vestigia reperimus, ex quibus deprehendere licuit quam procul nos insequuti fuissent, & observavimus eos circiter 100. pedes pervenisse ab eo loco in quo substiteramus.

XXII. Iulij, qui lunæ dies fuit, adhuc Crucem illic statuimus, in qua nostra signa sculpsimus, atque circa Crucem hæsimus usque ad 4. Augusti, & in terra nostras invenimus elavimus & tersimus. 22. Iulij.

XXX. Sole circa Arcton existente, ursus prope navem accessit, ad lapidis iactu videlicet, cui sclopo exploso pedes vulneravimus, ut claudicans profugeret. 30. Iulij.

XXXI. Iulij, Sole circa Caurum versante, nos unanimi septem ursum mactavimus, cuius cadaver, pelle detracta in mare abiecimus. Meridie comperimus nostro instrumento, acus nauticæ aberrationem esse 17. graduum. 31. Iulij.

AVGVSTVS 1596.

I. Augusti denuo album ursum conspeximus, qui illico fugit. 1. Augusti

IIII. Augusti, ex glacie nos expedientes pervenimus ad alteram insulæ latus, ubi harenam, saxa & lapides plenam in navem invenimus non sine magna difficultate & labore. 4. Augusti

V. Au-

5. Augusti. v. Augusti, demum vela dantes versus Glaciei angulum spirante Apeliote, tendebamus ad Euronotum & Boream, nec glaciem reperientes circa terram diu secundum illam obliquum cursum tenuimus.

6. Augusti. vi. Augusti superavimus Promontorium Nassovicum, & navigavimus versus Subsolanum & Hypercium secundum terrae crepidinem.

7. Augusti. vii. Augusti spirante Africo, vela fecimus secundum terrae crepidinem versus Nordapeliotem & Mesouranum, & modicam glaciem reperientes, ad Consolationis angulum sive Promontorium pervenimus, ad quod iam diu aspiraveramus. Sub vesperam spirante Apeliote & nebula exorta, navem ad glaciei fragmentum firmare necesse fuit, quod pene 36. orgyiis sub aqua mergebatur, & fere 16. orgyis supra aquã eminebat, hoc est, quod 52. orgyias crassum erat, nam fundo inhaerebat ubi aqua 36. orgyis erat profunda.

8. Augusti. viii. Augusti mane flabat etiam Apeliotes & nebula persistebat.

9. Augusti. ix. Augusti nobis ad ingens illud glaciei fragmentum adhaerentibus suborta est nix densissima, & nebulosum erat coelum, & circa Solem in Austro existentem, obambulavimus super tabulatum, ut excubias ageret. Solus enim nauta excubans vero obambulans, animal respirans exaudiit, atque foris aspiciens, magnum ursum apud navem iacentem observavit, alta autem voce exclamante Ursus, Ursus, omnes super tabulatum conscendimus, & conspeximus ursum apud nostram cymbam, conantem anterioribus pedibus in illam ingredi, sed excitato à nobis magno clamore exterritus longe enatavit, sed subito regressus latuit post ingens glaciei fragmentum cui inhaerebamus, atque illud conscendens, impertérritus ad nos accedebat, ut in navem transcenderet: sed scapha velum supra lignum quo anchora attollitur praetenderamus, post quod latebamus cum quatuor sclopis, à quibus vulneratus, profugit, sed propter densam nivem cadentem, quo pervenisset observare nequivimus, sed enatasse in tumulo quodam suspicabamur, qui plurimi supra glaciei fragmenta sparsi erant.

10. Augusti. x. Augusti, qui fuit dies Saturni, coepit glacies abunde fluitare, atque tum demum deprehendimus, ingens illud glaciei fragmentum, cui adhaerebamus fundo inhaerere, quia alia glacies praeterfluebat, quam ob causam non mediocriter metuimus, ne glacie comprimeremur, propterea magnum laborem & diligentiam adhibuimus, ut inde exiremus, versabamur enim in magno periculo. atque cum iam velificationi operam daremus, delata est navis in glaciem tanto impetu, ut omnia vicina crepitarent, & ad aliud glaciei magnum fragmentum pervenimus ad quod iniecta anchora adhaesimus usque ad vesperam. Ipso vespere sumpta iam coena, in primo quadrante, coepit magnum illud fragmentum inopinanter confringi tam horrendo strepitu, ut vix dici queat nam ingenti crepitione in plures quam quadringentas partes dissiliit. Prora illi adhaerentes, laxato fune, ita evasimus. Sub aqua id fragmentum ubi fundo inhaerebat 10. orgyiis densum erat, & supra aquam duas orgyias eminebat, quod crepando horrendum strepitum edidit, cum sub aqua, tum supra aquam, & fragmenta hac illac dispersa sunt. Eo magno periculo liberati, demum delati sumus ad aliud ingens glaciei fragmentum sex orgyis sub aqua mersum, ad cuius utrumque latus funes firmavimus. Deinde aliud glaciei magnũ fragmentũ aliquantulum à nobis in mari distare vidimus, sursum sublatum instar pyramidis turris, ad quod delati, demissa bolide comperimus 20. orgyis in fundo haerere, & pene 12. supra aquam eminere.

11. Augusti. xi. Augusti Dominico die versus petivimus aliud glaciei fragmentum, quod comperimus demissa bolide, 18. orgyis profunde in fundo haerere, & 10. orgyis supra aquam eminere.

12. Augusti. xii. Augusti vela fecimus propius terram, ut à glacie subleváremur, quia quandoquidem glaciei fragmenta adeo profunde fluitabant, proximi terrae ad 4. aut 5. Orgyias profunditatis, ab illis tutiores eramus, atque illic magnus aquarum è montibus defluxus, & iterum navem firmavimus ad glaciei fragmẽtum, & cum angulum glaciei minorem angulum appellavimus.

13. Augusti. xiii. Augusti mane, ab Orientali angulo terrae venit ursus proxime navem, quem nostrorum nautarum unus sclopo petiit, illique pedem confregit, nihilominus tribus pedibus subsiliens in montem conscendit: sed nos cum assequuti porro mactavimus, & pellem detractam in navem attulimus. Inde leniter spirante vento, vela fecimus, sed cursum obliquando, tandem maior ventus spirare coepit ab Austro, & Euronoto.

25. Augusti. xxv. Augusti pervenientes ad insulam *Orangie*, apud magnum glaciei fragmentum, à glacie fuimus cincti, ita ut in magnum periculum veniremus navis amittendae: magno tamen cum labore ad ipsam insulam pervenimus, & cum ab Apeliote ventus spiraret, navem alio traducere cogebamur. Ea re occupati, cum alta voce clamaremus, excitatus fuit ursus qui illic sterebat, & ad nos venit versus navem, sic ut ab opere desistere cogeremur, & adversus ursum nos defendere, ille globo iniecto fugit versus alteram Insulae latus, & natans in glaciei fragmentum conscendit & illic haesit. Cum vero scapha remis impulsa illum persequentes nos animadvertisset, denuo in aquam insiliens versus terram natare coepit, sed illi viam praecludentes, securi caput eius ferimus: ipse vero quoties securim vibrabamus ad illum feriendum toties mergebatur, sic ut magna difficultate illum occidere potuerimus. E. deinde in terram pertracto pellem ademimus quam in navem intulimus, deinde navem ad ingẽs glaciei fragmentum perducentes, eam ad illam firmavimus.

26. Augusti. xxvi. Augusti, nostrum 10. cum Liburnica remigavimus versus *Novae Zembiae* continentem, & scapham supra glaciem protrusimus, deinde in altum montem conscendentes, observavimus situm continentis nobis oppositũ, quem deprehendimus valde ad Nordapeliotem & Euronotum situm esse, deinde valde ad Austrum vergere, ex quo

quo magnam diffidentiam concepimus terram adeo ad Austrum porrectam esse: sed conspecta aperta aqua ad Notapeliotem & Vulturnum, denuo magna laetitia perfusi sumus, arbitrati navigationem iam peractam esse, nec rationem inire poteramus qua satius ad navem rediremus, ut haec Wilhelmo Barentsz significaremus.

Delineatio ut apud Insulam Orangiae glacie conclusi, magno in periculo versati fuimus, ex quo necdum vix liberati eramus; praeterea ut maximo nostro cum glaciei fragmentis certamine, nostris clamoribus excitatus adversus nos venit, contra quem, telis exceptis, consistendum nobis fuit, & tandem magna cum difficultate superatus & mactatus.

XVIII. Augusti, omnia apparavimus ad velificationem faciendam, sed irrito conatu, & labore, & pene anchoram & binos novos crassos rudentes amisissemus, & post multum irritum laborem sumptum, recurrendum nobis fuit in eum locum ex quo solveramus: nam ingens aestus resfluebat & glacies celeriter fluebat supra rudentem secundum navem, sic ut aestimaremus omnia nos amissuros quae extra navem erant, erant enim pene ducenta orgyiae extra navem: sed Deus omnia convertit in bonum, ut tandem perveniremus unde solveramus. 18. Augusti.

XIX. Augusti satis placido aere, & Notozephyro spirante, profluenteque adhuc glacie, vela fecimus satis propitio vento, & venimus apud angulum Desiderij, unde non mediocrem spem denuo concepimus. Superato angulo, progressi sumus versus Notapeliotem in mare, & cursum direximus ad Arctozephyrum, donec denuo ad terram veniremus, quae extenditur à Desiderij angulo, usque ad Capitis angulum versus Mesolybonotum per 6. milliaria. à Promontorij angulo usque ad Vlissingense Promontorium porrecta est terra versus Mesolybonotum per tria milliaria. A Vlissingensi Promontorio porrigit se in mare versus Eurum, & denuo à Vlissingensi Promontorio usque ad angulum Insulae porrecta est ad Hyperlybonotum & Notozephyrum per tria milliaria, & ab Insulae angulo, usque ad Glaciei portus angulum, versus Africum per 4. milliaria. A Glaciei portus intermangulo, usque ad Aestus Sinum & humiliorem terram versus Hyperlybonotum & Mesoboream per 7. milliaria, deinde versus Subsolanum & Zephyrum terra est porrecta. 19. Augusti.

XXI. Dic navigavimus in Glaciei Portu, & illic pernoctavimus, mane aestu vehementer versus Subsolanum fluente, denuo egressi, rursus versus insulae angulum navigavimus: sed cum nebulosum caelum esset, ad Glaciei fragmentum delati sumus, cui quod nostram navem firmavimus, quia Notozephyrus & Austroafricus vehementer flare incipiebant. 21. Augusti.

Mira glaciei forma, quæ tamen illic arbitrantur. Conscendentes in glaciem, cum satis admirari nequivimus, adeo peregrina nobis videbatur, superficies terra erat oppleta, & in ea pene 40. ova reperimus. Dissimilis erat alteri glaciei, & cærulei coloris, ut purum cælum, sic ut inter nostros diversæ essent opiniones, aliis glaciem esse asseverantibus, aliis terram frigore concretam. nam valde eminebat supra aquam, & pene ad 18. orgyias fundo inhærebat, decem quæ orgyias supra aquam eminebat. istic hæsimus durante tempestate & spirante Meiolybe.

23. Augusti. XXIII. Augusti solvimus à glacie versus Notapeliotem in mare progredientes: sed statim in glaciem denuo incidimus, & regressi sumus versus glaciei Portum.

24. Augusti. Postridie impetuose flante Circio, & glacie vehementer influente, valde anxii fuimus, & vento validius insurgente, glacies magis ac magis influebat, sic ut fibula clavi, & clavi partes avellerentur, atque scapha inter navem & glaciem in frusta compressa est, nec aliud opinabamur, quin navis etiam confringeretur.

25. Augusti. XXV. Augusti, aër cæpit mitescere, multumque laboris insumsimus in propulsanda glacie, quæ nos cingebat, sed irritus fuit omnis noster labor. Sole autem circa Notozephyrum existente, cæpit glacies nonnihil dissolvere, & cogitabamus ad Austrum tendere ut Novam Zemblam circumeuntes versus Occidentem ad Weygats vela faceremus: sed cum superata Nova Zembla, nullibi apertum invenissemus, animum despondebamus hac transituros, & eramus eius opinionis, ut domum repeteremus. Ceterum venientes ad Aestus Sinum, propter glaciem regredi oportuit, quæ istic firmiter inhærebat, & illa ipsa nocte gelavit, adeo ut vix penetrare possemus, adeo leniter spirabat ventus à Septentrione.

Delineatio quo [illegible] apud Glaciei portum, glacie ita circumcincti fuimus, ut nusquam progredi liceret, & irritus fuerit omnis labor quem [illegible] ad [illegible] navem glaciem, ad [illegible] atque [illegible] glacies [illegible] pene tres [illegible], nisi [illegible] & [illegible] glacie [illegible] navem [illegible] vela sunt [illegible], & funes à latere navis [illegible], atque ita in navem [illegible], quod [illegible] formidabile fuit.

26. Augusti. XXVI. Augusti cæpit ventus mitescere, [illegible], propterea cogitabamus regredi versus Desiderii angulum, & inde domum, quandoquidem per Weygats penetrare nequibamus, sed cum apud glaciei portum pervenissemus, cæpit glacies adeo fluitare, ut nos ea cingeremur, etiamsi magnopere laboraremus ut penetraremus, sed omnis labor irritus fuit, & pene pes viros in glacie stantes in aperto [illegible], amisissemus, si glacies furum [illegible] venisset, sed ut retrorsum

retrorsum [illegible], & simul glacies in qua tres viri erant, regrederetur, ipsi vero agiles manus haberent, apud [illegible] praetereuntes, apprehenderunt, unus funes quibus affixum est malus veli, alter, funes trunco inhaerentes, tertius aliquem funem de puppi pendentem, & ita fortunatè, tali agilitate & salvi in navem venerunt, unde magnas gratias Deo egerunt: nam major erat apparentia ipsos ob glacie deferendos fore. Sed Dei auxilio, & agilitate manuum ex eo periculo evaserunt, quod spectaculum videntibus fuit formidabile, tametsi bene cederet, nam nisi manibus apprehendissent quae dicta sunt, haud dubie periissent.

Eodem die sub vesperam pervenimus ad Occidentale latus Portus glaciei, ubi totam hiemem frigidam in magna penuria, miseria, & tedio haerendum nobis fuit: ventus autem tum spirabat Caurus.

XXVII. Augusti fluitans glacies navem prorsus cinxit, cumque commoda esset aura, profecti sumus in continentem, & aliquantulum progressis, satis vehement Notapeliotes spirare coepit, qui glaciem tanto impetu propulit in nostrae navis proram, ut eam pene quatuor pedum altitudine sublevaret, & puppis veluti in imo sedere videretur, adeo ut de nave actum jam videretur. Quapropter qui in navi erant, illico scapha exposita ad vitam conservandam, vexillo vento exposito nobis signum dederunt, ut ad navem reverteremur. Nos vexillum vento agitatum aspicientes, & navem ita sublevatam, quanta potuimus celeritate ad navem contendimus, arbitrati navem confractam esse, eo tamen pervenientes omnia in commodiore statu reperimus, quam speraveramus. 27. Augusti.

XXVIII. Augusti, cedente aliquantulum glacie, coepit navis denuo in rectum situm redire: sed ante quam residerentur *Wilhelmus Bernardi f.* & Gubernatoris vicarius concesserant sub proram, ad observandum ut navis se haberet, & quantum sublevata esset; cumque in eo essent occupati genibus & cubitis [illegible] ad dimetiendum, sublata est navis tanto cum fragore, ut de sua vita actum existimarent, [illegible] quo se subducerent. 28. Augusti.

XXIX. Augusti, in commodum statum reducta nave, magnum apparatum fecimus [illegible] vectium & aliorum instrumentorum, ad confringenda glaciei fragmenta quae supra in vicem propulsa fuerant, sed irrito omni labore, & abiecta spe, ut Deo omnia commendanda essent, & ab ipso auxilium expectandum: nam glacies non ita profluebat, ut commodo nobis esse posset. 29. Augusti.

Delineatio ut post [illegible] & [illegible] undique glacie conclusi fuimus, adeo vehementer in navem propulsa, ut quaecunque navi adhaerebant, [illegible] disrumpi viderentur, [illegible] Wilhelmus B. F. & [illegible] qui [illegible] proram in glacie [illegible], ut [illegible] quam alte sublata fuisset, non mediocri in periculo versati sunt: quia prora in sublime [illegible], & puppis fere ad fundum pertingere videbatur. Interea temporis exposita scapha, [illegible] aliquot dolijs pane [illegible] in terram [illegible].

30. Augusti. XXX. Augusti denuo cœperunt glaciei fragmenta supra invicem propelli adversus navem, flante vehementer Mesolyboreo, & densissima cadente nive, quo factum est ut navis prorsus detineretur & comprimeretur, & omnia circa illam crepare inciperent, atque ipsa navis in centum partes confringi, quod auditu & conspectu formidabile erat, & etiam comæ arrigerentur tam horrendo spectaculo. In tali periculo fuit navis postea, cum glaciei fragmenta, quæ illam adeo utrinque comprimebant, sub ipsam propellerentur, in sinistrum pulsa, adeo ut instrumento ferreo, sublata videretur.

31. Augusti. XXXI. Augusti, denuo glacie simili impetu profluente, prora nostræ navis quatuor aut quinque pedes in altum fuit sublevata, & puppis in glaciei fissura hærebat, qua re gubernaculum fore liberum à glacie profluente arbitrabamur: sed tanto impetu profluebat, ut & gubernaculum & fibula qua sustinebatur, confringerentur. Et si puppis, æquè atque prora glaciei profluenti objecta fuisset, tota prora in glaciem fuisset sublata, aut forsitan procubuisset, quod valde metuebamus; & scapha cum lintre prius in glacie exposueramus, ut nobis in periculo consuleremus. **Sed** circiter quatuor horas post, glacies sponte refluxit, qua re non mediocri lætitia perfusi fuimus, **non secus ac si à morte liberati** fuissemus, quia navis denuo libere fluebat. Deinde concinnato rursus gubernaculo **& eius fibula,** id dependimus circa anchoram, ut, si denuo contingeret ita sublevari, liberum esset.

SEPTEMBER 1596.

1. Septemb. I. Septembris qui dominico sacer fuit, cum precibus dicendis occupati essemus cœpit glacies denuo propellere, **ita** ut tota navis ferme duos pedes in altum sublevaretur, firma tamen adhuc permanens. A meridie glacie adhuc profluente & altera in alteram conscendente, apparatum fecimus ad schapham & lintrem, supra glaciem in terram pertrahendum, spirante Nordapeliote.

2. Septemb. II. Septembris, Aphapeliote densam nivem spargente, cœpit navis denuo propelli à glacie, & valde crepare, ita ut consultum æstimaremus tali tempestate lintrem cum scapha in terram moliri cum tredecim doliis pane plenis, & binis vini vasculis, ad nos in angustia alendum.

3. Septemb. III. Septembris ventus æque validus flabat, qui erat Boreas, sed non adeo densam nivem spargebat: & denuo recedentes à glacie quæ nos ita comprimebat, adeo ut lignum proræ propulsum fuerit, sed asseres quibus navis munita erat, detinuerunt illud lignum, ita ut ab illis dependeret, & mali pars etiam contracta fuerit, cum recenti rudente quo ad glaciem alligati eramus, per ingentem glaciei compressionem, nihilominus denuo firmiter hæsimus concreti in glacie: quia navis adhuc firma manebat, quod admirandum erat, quandoquidem glacies adeo valide profluebat, sic ut glaciei tumuli profluerent non minores quam Salis tumuli in Hispania conspiciuntur, atque id quidem ad sclopi iactum à nave, quam ob rem magno metu afficiebamur.

4. Septemb. IIII. Septembris, mitescente vento & Sole denuo splendente, frigida tamen existente aura, & spirante Aphapeliote, illic nihilominus hærendum nobis fuit.

5. Septemb. V. Cum Sol egregie **splenderet, &** tranquillius esset, à sumpta cœna, glacies denuo nos obsessam tenuit, ita ut valde **comprimeremur, & navis inciperet** prorsus assurgere, & valde pati, sed Dei beneficio firma adhuc permansit, **nam omnino metuebamus, ut** navis nobis periret, adeo in magno periculo versabatur. In tali difficultate consilium **iudicavimus, ut vetustum** nostrum dolonem, pulverem tormentarium, plumbi, sclopos & duplices sclopos, aliaque arma in terram exportaremus, ad tentorium circa nostrum lintrem, quem in terram pertraxeramus, erigendum. Adsumsimus etiam panem & vinum, & fabrilia instrumenta ad reparandam nostram scapham, ut nobis in necessitate usui esse posset.

6. Septemb. VI. Septembris commodus etiam satis fuit aer & tranquillus, & cum Sole splendente Zephyrus flabat, ita ut aliquantulum reficeremur, sperantes glaciem dissipatum iri, & nos inde discessuros.

7. Septemb. VII. Septembris licet commodus satis esset aer, nullam tamen aquæ apertam observavimus, sed firmiter in glacie constricti manebamus, ita ut nulla aqua circa navem hauriri posset.

Eodem die quinque ex nobis in terram profecti sunt, bini tamen reversi, reliquis ulterius progredientibus circiter bina milliaria, qui flumen aquæ dulcis repererunt, apud quod etiam ligni copiam, flumine co delatam. Observarunt etiam Rangiferorum & Alcium vestigia, ut ipsi existimabant, nam ipsa sive bisulca erant vestigia, alia aliis maiora, ex quo coniecturam faciebant.

8. Septemb. VIII. Septembris Cæcias vehementer flabat, nobis plane adversus & incommodus ad glaciem profligandam, sic ut magis ac magis a glacie obsideremur, quod nobis valde molestum erat.

9. Septemb. IX. Rursus spiravit Aphapeliotes tenuem nivem aspergens, quo factum ut nostra navis prorsus à glacie constringeretur: nam ventus vehementer glaciem in navem propellebat, ita ut tribus aut quatuor pedibus compressi essemus & lignum ad puppim interdum magis confringebatur, navis præterea anteriore parte paulatim incipiebat dissolvi, sine tamen magno periculo.

Nocte advenerunt proxime navem bini ursi, sed tubarum clangore, & sclopororum emissorum sonitu, licet non attingeremus, quia tenebræ erant, territi, profugerunt.

10. Septemb. X. Septembris licet idem ventus spiraret, non fuit tamen adeo vehemens, & paulo commodior fuit aura.

11. Septemb. XI. Septembris tranquillus fuit, & nos octo in terram profecti, armis bene instructi, ad observandum an vera

essent quæ tres illi retulerant, videlicet ligna apud flumen iacere. Nam quandoquidem tam diu plurisque vicibus vagati eramus, nunc in glaciem incurrentes, modo extra glaciem nos extrahentes, & cursum continuantes, nunc vero animadvertentes, ex glacie non posse educi, sed in ea firmiter hærere, & Autumnum atque hiemem iam imminere, ipsa necessitas nos coegit dispicere qua ratione secundum temporis commoditatem nobis prospiceremus, ad hiemem istic transigendam, expectantes eventum quem nobis concedere vellet Deus. Statuimus itaque ad faciliter nos adversus frigus & feras bestias muniendum, ædificium construere ad commorandum quam commode possemus, & reliqua Deo committere. Ad hæc paranda iterum terræ [illegible] observantes, ad commodum locum reperiendum, in quo ædificium illud construeremus, cum nobis deesset materia, quia in ea terra nullæ arbores aut alia eiusmodi ex quibus fabrica fieri posset, reperiebantur. Sed ut extrema necessitas nihil intentatum relinquit, & nostrum aliqui interius in regionem progressi erant ad locum idoneum inquirendum ædificij situm, & quæ fortuna sese illis offerret, sese obtulit inopinata commoditas, quod ad oram maritimam aliquot arbores cum suis radicibus invenimus, quemadmodum tres illi viri retulerant, quæ aliquando illuc delatæ fuissent, vel ex Tartaria, vel ex Moschovia, vel aliqua alia regione, quia ubi eramus nullæ nascuntur arbores. De ista commoditate (tanquam nobis Deus eam transmisisset) valde fuimus læti, confidentes Deum ulterius suam gratiam nobis concessurum. Nam hæc ligna non modo ad fabricam nobis fuerunt utilia, sed etiam ad ignem fovendum, quo tota illa hieme usi sumus, alioqui haud dubie, propter ingens frigus, omnes periissemus.

XII. Septembris tranquillo etiam aere, nostri in aliam partem profecti sunt, quærendorum lignorum gratia, vicinitate aliquo loco, sed valde pauca repererunt. 12. Septeb.

XIII. Tranquillus etiam fuit aër sed valde nebulosus, ut nihil exsequi possemus, quia per nebulas valde periculosum fuisset in interiorem regionem penetrare, ob feros ursos, quos conspicere nequiremus, ipsi vero nos odorarentur, nam sagaciorem habent odoratum, quam perspicacem visum. 13. Septeb.

XIIII. Septembris serenus fuit dies, sed frigus valde intensum, ideo in regionem profecti, copiam ligni congessimus, ne à nave [illegible], quod deinde conferremus in eum locum in quo ædes construere cogitabamus. 14. Septeb.

Trium [illegible] ad navem accedentium delineatio, quorum unus [illegible] glaciei fragmentum [illegible] ad navem [illegible]. [illegible]

15. Septemb. XV. Dominico die ipsa aurora, quodam excubias agente, conspecti sunt advenire tres ursi, quorum unus pone glaciei fragmentum procubuit, alij duo ad navem tendebant, eam ob caussam nos comparavimus ad eos sclopo traijciendos. Forte supra glaciem erat vasculum cum carnibus aëri expositum, quia iuxta navem nulla erat aqua, alter ursus vasculo caput imposuit ad partem carnis tollendam, sed sclopo exploso caput ipsi traiectum, ut mortuus concideret omni motu privatus. Illic nobis contigit mirum spectaculum: secundus enim ursus consistit sedens tacitus tanquam admirabundus, & interdum odoratum excelsum, cum autem conspiceret illum iacere mortuum, tandem abijt. Sed sumptis armis, ut securibus, ramanis & sclopis expectabamus an rediturus esset. Tandem adversus nos contendit, & in posteriores pedes se erigentem ut in nos impetum faceret, unus nostrûm per medium ventrem sclopo traiecit, ut in anteriores pedes concideret & cum magno clamore fugeret. Mactatum ursum aperuimus & exenteravimus, deinde supra quatuor pedes dispositum congelari sivimus, existimantes nos in Hollandiam delaturos, si navem liberare possemus. Urso sic in pedes disposito, trahas fabricare cepimus, ad ligna convehenda ad locum in quo ædificium construere cogitabamus. Eodem tempore salsa maris aqua pene ad duorum digitorum crassitudinem fuit congelata, nam frigus erat ingens atque Archapeliotes flabat.

16. Septemb. XVI. Septembris Sol splendebat, sed sub vesperam exorta est nebula Archapeliote spirante. Eo tempore primam profectionem instituimus ad ligna advehenda, & eo die quatuor trabes traha per glaciem & nivem ducta pene per milliare unum advecimus, congelataque est in nocte aqua ad duorum digitorum crassitudinem.

17. Septemb. XVII. Septembris nos tredecim ad ligna convehenda cum duabus trahis profecti sumus, nostrûm quinque ad singulas trahas trahendas deputati, & tres ad ligna in trahis continenda, quo facilius ducerentur. Plerumque binas vecturas singulis diebus facientes, & ligna cumulantes eo loco ubi ædificium construi debebat.

18. Septemb. XVIII. Septembris spirante Zephyro, & densa cadente nive, denuo ad consuetum laborem ligni transvehendi profecti sumus. A meridie Sol splendens fuit & aër tranquillus.

19. Septemb. XIX. Fuit etiam tranquillus aër & Sol splendens, & advecimus duas trahas lignorum per 6. millia passuum, idque bis in die.

20. Septemb. XX. Septembris, binas etiam vecturas fecimus, licet nebulosus esset aër, sed tranquillus.

21. Septemb. XXI. Nebulosus fuit aër, sed à meridie serenus, atque adhuc glacies in mari fluitabat, non tamen adeo frequens magnoque impetu ut antea, sed valde frigida erat aura, adeo ut nostrum promptuarium in inferiorem navis partem medinullo inferre oporteret, quia superiore parte omnia gelu adstringebantur.

22. Septemb. XXII. Septembris Sol resplenduit, & serenus aër fuit, sed admodum frigidus, Zephyro spirante.

23. Septemb. XXIII. Septembris binas vecturas lignorum ad ædificij fabricam in die solvi fuimus nebulo tamen tranquilloque cælo, spirantibusque Subsolano & Circio. Eo die expiravit noster lignarius faber, vespere cum ad navem rediremus, *Purmerent* oriundus.

24. Septemb. XXIIII. Septembris illum sepelivimus sub arena & sparto marino in montis scissura, circa aquæductum, quia terram fodere nequibamus propter ingens gelu & frigus: eodemque die duas lignorum vecturas nostris trahis adduximus.

25. Septemb. XXV. Septembris nebula obortæ, spirantibusque Zephyro, Africo, & Noroezephyro, mare etiam cepit aperiri, & glacies diffluere, verum non longo tempore quam cum diffluxisset ad iactum fere tormentarij maioris, constitit denuo in fundo hærens ad tres orgyias, ubi autem nostra navis hærebat, glacies nõ diffluebat, in media enim glacie erat constricta. Nã si fuissemus in aperto mari, vela fecissemus, tametsi navigandi tempus valde serotinũ esset.

Eo die trabes nostri ædificij disposuimus, & procedebat fabrica, sed si nostra navis à glacie fuisset libera: fabrica relicta, navim posteriorem partem reparassemus, ut panni afferemus, ad vela facienda, si aliqua ratione fieri potuisset, nam molestum erat, ita istic hiemem transigere, quam non ignorabamus rigidam admodum futuram: sed nobis adempta omni spe, ex necessitate facienda fuit (ut vulgo dicitur) virtus, & cum patientia expectandus eventus quẽ Deo immittere nobis placeret.

26. Septemb. XXVI. Septembris, spirante Zephyro, mare fuit apertũ, nihilominus nostra navis glacie adstricta manebat, quare magis tedio afficiebamur quam gaudio, sed cum Deo ita placeret, eius voluntati obsequendum fuit, cepimusque ædificium interdum constipare. Pars nostrorum ligna ad urendum advehebat, altera pars in fabrica erat occupata. Nostrorum adhuc in vivis restabant 16. nam noster faber obierat, & reliquorum 16 superstitum, interdum aliqui morbo afficiebantur.

27. Septemb. XXVII. Archapeliotes denuo vehemẽs fuit, & intensissimum fuit gelu, adeo ut clavum in ore tenentes (quemadmodum fabris lignarijs ut plurimum moris est) labris inhæreret illum ex ore adimentes, & sanguinem eliceret. Eadem etiam die, advenit vetulus ursa cum catulo, & cum simul omnes proficisceremur versus ædificium (seiunctim enim prodire non audebamus) ad eum oppugnandum & sclopo traijciendum progrediebamur: sed profugit. Glacies rursus vehementer adfluere cepit, denique valde serenus erat, prorsus tamen frigidus, ut maxima cum difficultate operas peragere possemus, licet ea tamen necessitas nos ad eas præstandas cogebat.

28. Septemb. XXVIII. Septembris fuit serenus dies, commodus & tranquillus, spirante zephyro mareque apparebat apertum, nihilominus nostra navis firma in glacie manebat. Eo die advenit Ursa ad navem villam nobis conspectis profugit, nos vero in fabrica ædificij pergebamus.

Ut necessarium fuerit ædificium construere, ad propulsandum frigus, & fera animalia, ad quam rem Deus nobis ligna [illegible] in Novam Zemblam [illegible] procuravit, quæ [illegible] ad [illegible] ædificium destinatum, [illegible] maximis laboribus & difficultatibus, [illegible] dies continuos [illegible] quia [illegible] impossibile fuisset illud absolvere.

XXIX. Septembris mane spiravit Zephyrus: à meridie vero Subsolanus: tum apparuerunt tres ursi inter navem & ædificium, vetulus videlicet cum binis iuvenibus: nihilominus trahebamus necessaria versus ædificium, cupientes ursos prævenire, veniebāt tamen illi nobis adversi, nec illis volebamus cedere, sed edito clamore, illos fugare nitebamur, sed cum gressum non mutare animadverteremus imo recta in nos tendere, tum excitato à nobis atque ab ijs qui in ædium fabrica occupati erant clamore profugere cœperunt ursi, cuius rei nos non pœnituit. 29. Septēb.

XXX. Septembris flaverunt Subsolanus & Vulturnus, densamque nivem tota ea nocte sparserunt, totumque illum diem, ita ut nostri ligna advehere nequirent, adeo densa erat nix. Magnum iuxta ædificium ignem excitavimus, ad terram à gelu liberandam, & circa ædificium dense constipandam, ut ea ratione frigus minus penetrare in ædes posset, sed irritus fuit noster labor: nam terra adeo rigida erat, & profundè congelata, ut dissolvi gelu nequiret, nimisque magnam ligni quantitatem insumere oportuisset: eam ob rem ab instituto destitimus. 30. Septēb.

OCTOBER. 1596.

I. Octobris Arctapeliotes vehementer admodum flavit, & à meridie Aparctias cum tempestate & densissima nive, adeo ut magna cum difficultate adverso vento progredi, imò vix spirare liceret, adeo propellebatur nix in faciem, ut ad binarum aut 3. navium longitudinem vix conspicere liceret. 1. Octobris.

II. Octobris ante meridiem Solis splendor fuit, à meridie vero rursus tenebrosum cœlum cum nive, tranquillo tamen aëre, spirante primum Aparctia, deinde Austro & ædificio erecto signaculum imposuimus nivem congelatam, frondis loco. 2. Octobris.

III. Octobris tranquillus fuit aër & serenus, sed adeo frigidus, ut vix ferri posset: à meridie vehementer spiravit Zephyrus talem rigorem adferens ut si perseverasset, operas relinquere necesse fuisset. 3. Octobris.

IIII. Octobris Zephyrus spiravit, & à meridie Aparctias vehementer admodum densam spargens nivem, qui 4. Octob.

demum

denuo nostras operas impedijt. Eo tempore protulimus nostram anchoram cum rudente supra glaciem, ut firmius hæreremus, quandoquidem dum utar seli sicut ab aqua glacie libera abessemus, adeo defluxerat glacies.

5. Octobris. v. Octobris Arctozephyro vehementer flante, dissipata fuit in mari glacies quantum prospicere poteramus, non minus tamen firmiter constricta manebat nostra navis quam prius, atque pene binos aut ternos pedes compressa supra glaciem, nec aliud animadvertere poteramus, quam eam ad fundum usque glacie constrictam esse, qui fuit 4. orgyiarum cum semisse.

Eodem die confregimus anteriorem partem in qua malus navis, & ijs asseribus contexuimus ædificium, in medio passo sublimius ad stillicidia promovenda, & magna ex parte constipavimus, nec remittebat sese frigus.

6. Octobris vi. Octobris adhuc vehementer flavit Zephyrus & Notozephyrus: sed circa vesperi Corus densam nivem propellens, adeo ut vix caput è janua quispiam proferre auderet, propter ingens frigus.

7. Octob. vii. Satis commoda fuit aura, valde tamen frigida, diligenterque ædificium constipavimus, atque posteriorem partem in qua malus dissolvimus ad ædificium exteriore parte melius constipandum. Ventus eo die totum orbem circuivit.

8. Octobris viii. Octobris præcedente nocte, totoque illo die adeo vehemens fuit ventus cum nivis procella, ut si quis prodijsset, suffocandus videretur, imò nemo potuisset (etiam vitæ periculo imminente) ad navis longitudinem progredi: nam impossibile erat vel extra navem vel extra domum, etiam momento consistere.

9. Octob. ix. Octobris Aparctias adhuc flabat & nivem etiam densam adferebat, perinde atque præcedenti die, & cum à terra ventus flaret, totum diem in navi hærere oportuit, ob ingens gelu.

10. Octob. x. Mane paulo mitior fuit aura & tranquilla, spirante Notozephyro & Austroafrico, aqua autem intumuerat pene binos pedes altius solito, quod existimavimus factum ob vehementem Aparctiæ flatum.

Eodem die, denuo aër mitescere cœpit, sic ut ex navi prodire auderemus: contigit autem ut ex nostris quispiam è navi egressus ursus inopinanter illi occurreret, & fere in eum impingeret ante quam animadverteret: itaque illico versus navem celeriter profugientem ursus insequutus est: sed cum pervenisset ad eum locum ubi ursum mactatum in pedes erectum constitueramus, & gelu rigere siveramus, deinde densa nive cadente sepultum, sic tamen ut unus pes extra nivem adhuc eminceret, constitit, qua mora interea noster homo in navem pervenit, alta voce & territus exclamans, Ursus, Ursus. Ejus clamore excitati supra nostri tabulatum venimus, ad globo petendum Ursum, sed oculi nostri perstricti erant, ob tenebrosissimum quem in navi conclusi propter magnum aëris intemperiem pertuleramus, quique pro ulla quantumvis magna mercede ferendus nõ fuisset, nisi ingens gelu & densissimæ nivis Procella nos coegisset, si vitã observare volebamus, alioqui supra navis tabulatũ hærentes, haud dubiè frigore fuissemus extincti. Ursus autem illic diu non etiam hæsit, sed subito abijt, Arctapeliotes autem spirabat.

Eodem etiam die sub vesperum commoda fuit aura, à navi egressi ad ædificium nos contulimus, maximam panis partem nobiscum ferentes.

11. Octob. xi. Octobris tranquillo aëre & ob spirantem leniter Zephyrum caliditate vinum & reliquum annonam in terra exposuimus. Sed dum occupati essemus in vino ex navi sublevando, Ursus qui post glaciei fragmentum latebat, (à somno forte nostro clamore excitatus) ad navem advenit: ipsum quidem incedentem conspeximus, sed glaciei fragmentum esse arbitrabamur. Illum ad nos advenientem globo è sclopo exploso petijmus: sed illo profugiente, in nostro opere perreximus.

12. Octob. xii. Octobris Aparctia flante, eoque interdum versus Zephyrum tendente, dimidia pars nostrorum in ædificium profecta est, ibique illam noctem primam transegit, sed magnum frigus perpessa est, quia cubilia nondum confecta erant nec stragulis abundabant, tum etiam quia ignem struere nequibant (camino nondum extructo) propter molestissimum fumum.

13. Octob. xiii. Octobris, Aparctia & Arctozephyro denuo vehementer flare incipientibus, tres ad navem profecti fuimus, & traham cerevisiæ vase oneravimus, quam cum ad ædificium trahere cuperemus, inopinante subortus est adeo vehemens ventus, cum tempestate & gelu, ut foris permanere nequeuntes, denuo ad navem conferre nos oportuerit, & cerevisiam foris supra traham relinquere, ingens frigus in navi perpessi, penuria stragulorum.

14. Octob. xiiii. Octobris à navi egressi invenimus vas cerevisiæ (quæ dantiscana erat) foris in traha relictum, disruptum in fundo fuisse frigoris rigore, ipsam autem cerevisiam quæ effluxerat congelatam esse atque ad vasis fundum adeo firmiter inhærere, quasi visco adglutinata fuisset. Portavimus autem vas illud cerevisiæ ad ædificium, & convertimus erectum, bibere autem volentes, cerevisiam primum dissolvere oportuit, nam vix in vase non congelata permanserat, atque in eo humore tota vis cerevisiæ consistebat, ita ut propter validitatem bibi nequiret, quæ vero gelu constricta fuerat, tam insipida erat quam aqua, eam tamen dissolutam cum altera nõ congelata bibebamus, sed valde imbecillis erat & insipida.

15. Octob. xv. Octobris spiravit Aparctias, Subsolanus, atque etiam Eurus, tranquillusque erat aër. Eo die coniubus oblatæ emis amora, nivem palis securius ad fores ædificij posuerunt.

16. Octob. xvi. Octobris spirante Notapeliote & Austro, tranquilloque cœlo, Ursus præcedente nocte navem ingressus erat, sed sub lucem denuo egressus, cum homines animadvertisset. Illo tempore, diffoimus conclave nauclerii ad eius asseres usurpandos in vestibulo exstruendo, in quo occupati eramus.

Vt ali-

Vt ædificium strueremus, & ligna in portandis trahis ... [illegible] ... dentis ... [illegible] ... ad ... [illegible] ... superiore parte ... [illegible] ... vestibulo.

XVII. Tranquillo aëre, spirantéque Austro & Notapeliote valde frigido, cum diem [illegible] in [illegible] bulo iam sumpsimus.

XVIII. Octobris spirante Apeliote & Notapeliote vehementer, et lintre quem in terram pertraxeramus, pane exuimus, tum etiam vinum quod gelu non admodum constrictú erat, licet circiter sex hebdomadibus illic permansisset, aspero gelu subinde recurrente. 18. Octob.

Eodem die denuo Vrsum conspeximus, mareque prorsus glacie constrictum fuit, ut nulla aperta aqua conspici posset.

XIX. Octobris, Arctapeliote flante, cum duo viri duntaxat in navi essent, adveniens ursus in navim vi perrumpere tentabat, tametsi bini illi viri lignis ad struendum ignem paratis cæderent, nihilominus ferociter in eos invehebatur, qua re territi, singuli ad fugam sese comparatum: biniq; in inferiorem navem desilierunt, præter consortem in delonem, ad vitam liberandum nihil non tentantes: interea quibusdam ex nostris nautis ex ædibus ad navim euntibus, Vrsus versus eos audacter se convertit, sed ab eis duplici sclopo petitus profugit. 19. Octob.

XX. Octobris tranquillo aëre & splendente Sole, iterum aquæ aperturam conspeximus in mari. Eo tempore in navem redieramus, ad reliquam cerevisiam auferendam, cuius aliquot vasa gelu constricta reperimus, imò circulos ferreos vasa cerevisiæ Gedanensis cingentes gelu etiam constrictos. 20. Octob.

XXI. Octobris tranquillo aëre & Sole splendente, maximam partem nostræ annonæ in ædes contulimus. 21. Octob.

XXII. Octobris, Subsolanus vehementer flavit, adeoque densa nix cecidit, ut ne pro foribus quidem consistere liceret. 22. Octob.

XXIII. Octobris tranquillo aëre & Arctapeliote spirante, profecti sumus ad navem, ut videremus an nostri qui adhuc in navi erant ad ædes sese recipere non vellent, sed metuentes denuo vehementem ventum, non ausi sunt cum ægro itineri sese committere, & eo die ibi adhuc constiterunt; nam valde tenellus erat & debilis. 23. Octob.

XXIIII. Octobris reliqui, videlicet octo numero in ædes pervenerunt traha ægrum vehentes. Perduximus [illegible] 24. Octob.

magno

magno cum labore & difficultate nostræ navis scapham ad ædes, & cum obverterimus fundo, sirpis elato, ut eâ, si tempus ferret, & Deus nobis gratiam faceret præterita hieme illinc discedendi, uti possemus. Deinde conspicientes navem perinde firmiter in glacie permanentem, nihilque minus expectandum quàm mare apertum iri, denuo in navem anchoram conjecimus, ne sub nive occultatam perderemus, si forte circa æstatem nobis usui esse posset: sperabamus enim Deum aliqua ratione circa æstatem in patriam nos reducturum.

Perseverante eo tempore, cum Sol (nobis maxime utilis & desideratissimus) nos deserere cœpit, summa diligentia, singulis diebus trahâ, quæ nobis erant tam victui quàm potui necessaria, in ædes pertulimus, A paucis fiante.

Ut attraxere traha necessariis rebus ex navi desumptis onusta ad ædes meditanda, tres ursi inopinantes nobis occurrerunt, quibus conspectis valde territi, relictis vestibus, pars versus navem profugit, atque unus ex fugientium numero, in glaciei hiatum delapsus, magno in periculo versatus est. pars apud traham remansit, bini que remanentes fustibus armati ad resistendum se compararunt: sed interea dum ursi eos fugientes insequuntur, qui in glaciei hiatum delapsus erat, liberatus fuit, & cum ii qui apud traham remanserant, in navem ad eos salvi pervenere: & licet ursi in navem conscendere niterentur, fustibus & remanentium securium pulsatione rejecti, & in fugam acti sunt.

25. Octob. XXV. Octobris allatum ivimus omnia armamenta ad lintrem & scapham necessaria, cumque in ultima vectura essemus occupati, funibus ad trahendum aptatis versus ædes, Nauclerus sese obvertens, tres ursos pone navem conspexit ad nos venientes, atque illico territus vociferari cœpit ad timorem illis incutiendum, nos autem illico è funibus nos extricantes, ad resistendum nos comparavimus. Forte supra traham binæ erant rumantæ securæs, quarum una à Nauclero sumpta, ego alteram sumpsi ad resistendum pro viribus; sed reliqui quantum poterant versus navem fugerunt, atque fugiendo illorum unus in glaciei hiatum cecidit, quod nobis conspectu horrendum fuit, putabamus enim ursum in ipsum impetu facto ruiturum & devoraturum. Sed Deus providit, ut ursus adversus eos qui in navem profugerant iret eretur. Interea occasione sumpta nos cum eo qui in glaciei hiatum ceciderat ad navem profugientes in eam pervenimus. Ursi videntes nos sic esse elapsos, ferociter ad navem accesserunt, nos vero nulla arma habebamus præter duas prædictas secures, cumque satis non confideremus illis, ursos detinuimus iaciendo fustes & alia, quæ insequebantur non secus quàm canes projectos lapides. Interea unum ex nostris inferius in promptuarium ablegavimus ad ignem excutiendum, & alterum ad fistulis sub tabulatis reconditis afferendas, sed nullus ignis excuti potuit, quo possemus sclopos explodere. Ut vero ursi nos au-

dacter adoriebantur, omnium illorum securi: Romana proiecta in ore vulneravimus, is vulneratum se sentiens, sensim à nobis decessit, quod alij, qui minores erant, observantes, simul recesserunt: nos vero gratias Deo actis quod ab ijs in hunc modum liberati essemus, absque ullo impedimento ad ædificium traducta, quæ nobis necessaria erant, revolimus.

XXVI. Octobris flante Apartia & Circio, commoda satis fuit aura videbamus quidem aquam apertam proxime crepidinem terræ, sed in mari adhuc glaciem iuxta navem profluentem. 26. Octob.

XXVII. Octobris Arctapeliote flante tanta fuit nivis procella, ut extra ædes opera agere non liceret. Eo die sclopo occiderunt nostri albam vulpem, cuius excoriatæ carnes tostas ederunt, & cuniculi saporem referentes comperierunt. Eodem etiam die nostri horologium concinnavimus, ut campana sonaret, adornavimus etiam lucernam quæ nocte lucem præberet, ad quam rem usurpavimus ursi pinguedinem liquefactam lampadi impositam. 27. Octob.

XXVIII. Octobris Arctapeliote flante nostri egressi ad ligna ferenda, sed causa suborta est tempestas & nivis procella, ut reverti cogerentur. Circa vesperam inviscente aura tres è nostris profecti sunt ut ursum, quem congelari siverant, denuo adimerent, sed prorsus nive contectum reperierunt, atque subito rursus obortæ tanta nivis procella & tempestas, ut festinanter reverti in ædes cogerentur, ad quas cum difficultate pervenerunt, quia adeo densa cadebat nix, ut vix oculis prospicerent, quapropter parum abfuit quin à recta via aberrantes, tota nocte foris in summo frigore nox illis traducenda foret. 28. Octob.

XXIX. Octobris flante Arctapeliote ivimus quæsitum sparturn marinum arenæ permixtum in littore, ad conspergendum velum quod supra ædificium expandebamus, ut magis constiparetur tectum, & ædes calidiores fierent, quia asseres minus bene coniuncti erant, ab aëris inclementia id facere prohibiti. 29. Octob.

XXX. Octobris adhuc flante Arctapeliote, Sol proxime terram cursum suum peragebat paulo supra Horizontem. 30. Octob.

XXXI. Octobris, perseverante eodem vento cum nivis procella, ne caput quidem ex ædificio protrudere audebamus. 31. Octob.

NOVEMBER 1596.

I. Novembris adhuc flante Arctapeliote, conspeximus Lunam exoriri in Subsolano, cum tenebræ iam advenirent, atque Sol supra Horizontem adhuc esset, ut nostro adspectui sese præberet, tametsi eo die nobis non apparuerit, propter nebulosum aërem & densam nivem cadentem, ingensque frigus fuit, ut illo die nihil foris agere possemus. 1. Novemb.

II. Novembris Zephyrus ad Austrum vergens spiravit, vesperi autem Apartias, & tranquillo aëre conspeximus Solem in Euronoto Orientem, & in Austroafrico cadentem. Non plena rotunditas supra terram nobis apparuit, sed illam veluti lambens supra Horizontem conspiciebatur: illo autem ipso die vulpes securis ictu fuit mactata, excoriata, tosta & manducata. Antea nulla vulpes fuerat observata, nisi nunc Sole à nobis discedente, atque Ursi simul discesserunt. 2. Novemb.

III. Novembris Arctozephyro spirante tranquilloque aëre conspectus est Sol in Mesoeuronoto vergente ad Austrum exoriri, & in Mesolybonoto vergente ad Austrum occidere, atque supra Horizontem, superior Solis pars duntaxat apparebat, licet terra in qua consistebamus, cum Solis altitudinem metiebamur, perinde alta esset atque malus nostræ navis, atque tum erat Sol in 11. gradu 48. scrupulis Scorpij, eius declinatio erat 15. graduum 24. scrupulorum australi latere Æquinoctialis lineæ. 3. Novemb.

IIII. Novembris, tranquillo aëre, Sol nobis amplius non apparuit: quia supra Horizontem non amplius videbatur. Tum noster Chirurgus labrum ex dolio vinario adparari curavit, ad balneo fovendos artus, singulis successive ingredientibus interdum, quod balneum magnopere conducere ad artus roborandos comperimus & ad valetudinem conservandam. Eodem die cepimus albam vulpem, vulpes enim interdum apparebant, frequentius tamen quam antea: nam quemadmodum ursi abscedebant cum Sole, nec redibant nisi exoriente Sole, sic e contra apparebant vulpes, dum ursi aberant. 4. Novemb.

V. Novembris, flante denuo Apartia ad Zephyrum vergente, multam aquam in mari conspeximus, nihilominus nostra navis glacie firmiter constricta manebat, atque cum Sol nos deseruisset, conti... Lunam conspiciebamus nec die, nec nocte Occidentem, cum esset in summa sua elevatione. 5. Novemb.

VI. Novembris, spirante Arctozephyro tranquilloque aëre, nostri trahâ lignis onustam ad aedificium adduxerunt, sed quandoquidem Sol nos deseruerat, densæ erant tenebræ. 6. Novemb.

VII. Novembris, tranquillus aër fuit & Zephyrus flavit, tantæ autem erant tenebræ ut dies à nocte vix discerni posset, præsertim quia eo tempore nostrum horologium constiterat, quapropter diem discernere nequibamus, cum iam dies esset, nec nostri eo die ex suo cubili egressi erant nisi vesicæ exonerandæ gratia, cum ob causam ignorabant, an lux quam conspiciebant à die esset, an à Lunæ splendore, unde exortæ diversæ sententiæ, alijs à die lucem esse affirmantibus, alijs à Luna, probe tamen omnibus consideratis pene meridies erat. 7. Novemb.

VIII. Novembris, tranquillo cœlo, & Austro Notozephyroq; spirantib. nostri denuo trahâ lignis onustâ ad aedificium 8. Novemb.

dum adducerent, simulque album vulpem cepimus, & apertam aquam in mari vidimus. Eo die dispertitus est panis inter nos, singuli quatuor libras v uncias x. singulis septimanis accipientes, ita ut singula vasa panis octo duo absumeremus, cum ante singula v. aut vi. diebus vix sufficerent: carnes autem & pisces dispertiri, nondum erat necesse: potus autem non sufficiebat, propterea nos conferre oportuit & etiam aliis dispertiri, quia cerevisia nostra, maxima ex parte gelu corrupta erat, & evanida, atque etiam insipida, & bona pars etiam effluxerat.

9. Novembr. IX. Novembris Arctapeliote flante ad Aparctiam vergente magnae fuerunt tenebrae, ut vix lux appareret.

10. Novemb. X. Novembris tranquillo aëre & Arctozephyro spirante nostri ad navem profecti sunt, ad conspiciendum quo in statu res essent, & compererunt multam aquam in navi esse, ita ut supra saburram glacie esset constricta, quam obcausam antlia exprimi non poterat.

11. Novembr. XI. Novembris Arctozephyro spirante satis commoda fuit aura. Eodem die ex funiculis rudentium instrumentum fecimus instar retis contextum ad capiendas vulpes, ita dispositum ut funiculo ab aedibus tracto, cum vulpes subtus venirent eas involveret, atque eo die unam cepimus.

12. Novembr. XII. Novembris Apeliote flante turbidus fuit aër. Atque eo die caepit etiam esse vinum dispertiri, ut singuli in diem binos haustus acciperent, deinde continuo potanda nobis erat aqua, ex nive circa aedes pertica dissoluta.

XIII. Novembris magna fuit aëris intemperies, ingensque nivis procella Apeliote flante.

13. Novembr. XIIII. Clarum serenumque fuit caelum, ut omnes stellae conspici possent flante adhuc Apeliote.

14. Novemb. XV. Novembris obscurum fuit caelum, & nubibus tectum Arctapeliote flante.

15. Novembr.

16. Novemb. XVI. Novembris tranquilla & temperata fuit aura Subsolano spirante.

17. Novembr. XVII. Novembris obscurus fuit aër, & nubibus tectus, Subsolano adhuc flante.

18. Novembr. XVIII. Novembris valde incommodus fuit aër. Notapeliote flante, & Nauclerus fascem crassioris panni lanei dissecuit, & singulis quantum necesse erat distribuit, ut commodius a frigore se tueri possent.

19. Novemb. XIX. Novembris Apeliote flante incommodus aër fuit, & arca in qua linea tela conclusa erat, aperta, atque inter nautas distributa ad interulas conficiendas: tempus enim postulabat, ut omnes rationes iniremus, quibus corpori consuleretur.

20. Novemb. XX. Novembris commodo tranquilloque aëre & Apeliote spirante, interulas lavavimus, tantum autem erat frigus, ut ubi lotae & contortae ad madorem exprimendum, adeo congelarentur, ut ad foculentium ignem exposita eo quidem latere gelu dissolverentur, sed altero gelu constrictae permanerent, ita ut citius dilacerandae venirent quam explicandae, propterea in ferventem aquam eam denuo injiciendae ad dissolvendum gelu, adeo ingens frigus erat.

21. Novemb. XXI. Novembris commodus etiam fuit aër Arctapeliote flante. Tum decretum fuit ut singuli per vices ligna secarent, ad coquum eo labore levandum, qui alioqui satis occupatus erat in apparando bis singulis diebus cibo, & liquanda nive quam biberemus: immunes tamen ab eo labore fuerunt Nauclerus & Gubernator.

22. Novemb. XXII. Novembris flante Notapeliote, & sereno aëre, cum nobis adhuc essent 17. bubuli casei, in commune mensa unum edimus, aliorum singuli unum pro sua portione acceperunt, ut vescerentur pro arbitrio.

23. Novemb. XXIII. Novembris commodo aëre & Notapeliote flante, cum jam commoditas sese offerret, ut plures vulpes apparerent, quam antea, ea usi sumus, propterea ex crassis asseribus decipulas fabricavimus, quibus lapides imponebamus, & palorum extremitatibus in ambitu profunde defixis cinximus, ne subtus cuniculos agere possent, ista ratione interdum aliquas cepimus.

24. Novemb. XXIIII. Cum rigidus esset aër & flaret Arctapeliotes, denuo apparatum fecimus ad aream balneo fovendos, quia aliqui valetudine adversa utebantur, itaque nos quatuor balneum sumus ingressi, & egressis Chirurgus nobis purgationem propinavit, quam valde utilem sensimus. Eoque die quatuor vulpes cepimus.

25. Novemb. XXV. Novembris sereno caelo & spirante Zephyro binas vulpes cepimus decipula quam praeparaveramus.

26. Novemb. XXVI. Rigida fuit aura, & Notozephyro flante vehementer atque tempestate ingentique nivis Procella saeviente, in aedibus penitus fuimus nive sepulti, ita ut egredi nequiremus, & lotium reddere ventremque exonerare in aedibus necesse fuerit.

27. Novemb. XXVII. Serenus fuit dies Notozephyro spirante, itaque plures decipulas fecimus ad capiendas vulpes, quia opportunitate novum oportuit, nam nobis ad vescendum erant utiles, & cum victu non abundaremus, Dei nobis illas immittere videbatur.

28. Novemb. XXVIII. Novembris denuo rigida aura fuit cum magna tempestate ex Aparctia, & ingenti nivis procella, ita ut rursus penitus in aedibus concluderemur, & egredi nequiremus, quia omnes januae nive erant obstructae.

29. Novemb. XXIX. Serenus fuit dies clarumque caelum, Aparctia flante itaque palis nivem ejicientes viam ad foras prodeundum aperuimus, egressi autem, omnes decipulas & laqueos nive sepultos reperimus, quos repurgantes denuo composuimus ad capiendas vulpes, & eo die unam cepimus, quae non modo nobis utilis fuit ad vescendum, sed etiam ex pellibus illius & praecedentium pileos conficientes capiti adstringentes, ut ab aspero gelu praeservaremur.

30. Novemb. XXX. Novembris Zephyro spirante serenus fuit aër, & cum octava muneris stella appareret circa Notozephyrum (quod fuit secundum nostram conjecturam circiter meridiem) sex profecti sumus ad navem armis bene instructi ad videndam quo in statu omnia essent, & venientes sub tabulato, vivam vulpem cepimus.

DECEMBER 1596.

I. Decembris flante Notozephyro rigida fuit aura, cadente densa nive, procella qua demo in ædibus prorsus conclusi fuimus, eam ob causam tantus fumus fuit excitatus, ut cum difficultate ignem struere possemus, quapropter maximam ex parte in nostris cubilibus hæsimus, coquus tamen necessario cogebatur ignem struere ad cibum coquendum. 1. Decemb.

II. Decembris, perseverans rigidus aer nos adhuc domi detinuit, & vix apud ignem ob ingentem fumū consistere poteramus, eam ob causam maxima ex parte adhuc in nostris cubilibus hæsimus, lapides calefacientes, quos tradebamus alijs in suis nidis hærentibus ad calefaciendos pedes, frigus enim & fumus tolerari nequibant. 2. Decemb.

III. Decembris eodem rigido aere perseverante, in nostris cubilibus hærentes fragorem horrendum glaciei in mari, quod pene dimidio milliari à nobis aberat, exaudire potuimus, ita ut existimaremus magnos illos glaciei cumulos, quos tot orgyias densos astare conspexeramus, supra invicem propelli. Atque cū illis duobus aut tribus diebus ignem struere, ut ante, non possemus ob acerrimum fumum, gelu adeo asperum in ædes penetravit, ut contignationi & parietibus gelu crassitudine duorum digitorum inhæreret, imò etiam ipsis cubilibus in quibus iacebamus, fere tantundem. Per tres illos dies quibus occlusi fuimus in ædibus, exposuimus clepsydram duodecim horarum, quam ubi diffluxerat denuo convertebamus, magna diligentia id observantes, ne in temporis observatione erraremus. Iam ingens enim erat rigor, ut horologiū etiam gelu constringeretur, nec posset obyerti, etiamsi majus solito pondus appenderemus. 3. Decemb.

IIII. Decembris serenus fuit, & Aparctia spirante cœpimus per vices nivem quæ ianuam obsederat ejicere: nā cum animadverteremus sæpius idem opus repetendum, eam ob causam statuimus alternatim & per vices illud peragere, nemine excepto, præter Nauclerum & Gubernatorem. 4. Decemb.

V. Decembris, serenus etiam amœnusque fuit aer Apeliote flante. Propterea decipulas repurgavimus ad capiendas vulpes. 5. Decemb.

T. Ils lateres bracas incendimus propter ingens frigus, atque caminum & ianuam obstruximus ad calorem intra ædes conservandum, quare ipsum dormientes vel in animo deliquio fuissemus, nocuisse, quod aliqui postea referre nequivissemus, ut quidam id deprehenderimus, & ad nos redaimus, atque domo egressi, decipulas purgavimus ad capiendas vulpes.

6. Decemb. VI. Decembris denuo rigidus aër, Apeliote flante, nobis molestiam præbuit, & frigus adeo ingens, ut prope intolerabile esset: sicut mutuo nos miserè aspiceremus, metuentes, si gelu ita continuando augeretur, ut frigore periremus: quia tamen luculentum ignem struxeremus, calefieri tamen nequibamus, imo vinum Hispanicum generosum, quod adeo calidum est, præ nimio gelu constrictum fuit, ita ut ad ignem liquefieri oporteret à meridie ut singuli nostram portionem acciperemus, quæ alternis diebus nobis distribuebatur parva mensura circiter quartarij capace, qua tamen tempore nos sustentare oportuit, deinde aqua, quæ tam rigido frigore non valde conveniens, nec nive aut glacie erat refrigeranda, sed ex nive colliquanda.

7. Decemb. VII. Decembris perseverante rigido aëre, procellaque ex Arctapeliote exorta quæ maxime ingens frigus advexit, ignorabamus quid moliremur ad nos ab eo conservandos. Atque ut consilium habemus, quid potissimum esset agendum, visum è nostris dixit, ut lithanthraces quos e navi in ædes comportaveramus, in extrema hac necessitate usurparemus & ex iis ignem strueremus, cum magnum præberent & durabilem calorem. Vesperi itaque ex dictis carbonib. luculentum ignem struximus, qui quidem magnum calorem præbuit, sed ab infortunio nobis non cavebamus: nam quandoquidem calor ita nos reficiebat, consilium quærebamus, quo illum multo tempore retineremus. Propterea consilium cepimus, ut omnes ianuas & caminum obstrueremus ad gratum illum calorem intra ædes retinendum, & singuli in nostrum nidum seu cubile, concessimus cubitum, hilares ob receptum calorem, diuque sermones inter nos contulimus: sed tandem oborta est nobis magna vertigo, uni tamen maior quam aliis, quam primum deprehendimus in quodam qui æger erat, quique propterea magis offendebatur, atque etiam in nobis deprehendebamus magnam anxietatem oboriri, sic ut qui robustiores erant, ex suis cubilibus desilientes, primum caminum aperuerunt, deinde ianuam: qui vero Ianuam aperiebat animi deliquio correptus, concidit cum magno strepitu supra nivem, quod ego, qui proximum Ianuæ cubile habebam, exaudiens, eo cucurri, & illum animi deliquio correptum conspiciens, illico acetum attuli, atque eius faciem fricavi, quare ad se rediit. Ianuis apertis, omnes illo frigore salubrius refecti, quodque nobis tam acris hostis ante fuerat, nunc salutis occasionem attulit: nam haud dubie in animi deliquio periissemus. Deinde Nauclerus, cum ad nos rediissemus, singulis modicum vini dedit, ad cor roborandum.

8. Decemb. VIII. Decembris rigido aëre perseverante, licet Aparctias vehemens esset & frigidus, nō audebamus tamē carbones incendere ut præcedente die, quia infortunium prudentiores nos reddiderat, ne volentes effugere unum incommodum, in aliud peius incideremus.

9. Decemb. IX. Amœnus, serenusque fuit dies, splendentibus valde stellis, quam ob rem denuo ianuam prorsus aperuimus quæ ante multa nive constipata erat. Denuo etiam decipulas apparavimus ad capiendas vulpes.

10. Decemb. X. Decembris, flante Arctozephyro, fuit etiam amœnus, serenus, splendentibusque stellis, Binas vulpes cepimus nobis valde utiles, quoniam cibus valde minuebatur, atque cum frigoris rigor magis atque magis intenderetur, earum pelles nobis erant usui.

11. Decebr. XI. Serenus etiam fuit dies, sed impense frigidus, ut qui non expertus esset, difficulter credere posset, imo calcei pedibus nostris applicati, veluti cornu gelu rigebant, atque etiam interne, adeo ut calceis vel diutius nequiremus, sed lanei crepidis laxisque uti necesse esset, quarum superior pars ex ovina pelle constabat, atque tria aut quatuor soccorum paria induere oporteret, ambulando, ad fovendos pedes.

12. Decebr. XII. Decembris, lucidus serenusque fuit aër, sed impense frigidus Arctapeliote flante, sic ut contignatio, parietes & cubilia nostra parte unius digiti densitate gelu obducerentur, imo vestes quibus amicti eramus, gelu & pruina albescebant, atque licet nonnulli suaderent, ut denuo carbones incēderemus ad nos calefaciendum, & caminum apertum relinqueremus, nō audebamus tamen, præcedente exemplo edocti, quo, ne id faceremus, deterrebamur.

13. Decemb. XIII. Decembris Apeliote flante, serenus etiam fuit aër, atque vulpem cepimus, multum laboris insumentes, ad decipulas apparandas, quia si paulo diutius extra ædes immorabamur, gelu nobis in facie, & auribus pustulæ excitabantur.

14. Decemb. XIIII. Decembris, amœnus fuit dies, & cœlum stellis splendentibus refertum spirante Arctapeliote. Tum sumpta altitudo Orionis humeri dextri cum esset in Afrisco vergente ad Zephyrum (eius cum summa erat exaltatio ad nostrum communem quadrantem) supra Horizontem autem elevatus erat XX. gradibus XVIII. scrupulis, eius declinatio erat 6. graduum 18. scrupulorum ad latus boreale æquatoris. Ea declinatio dempta ab altitudine reperta, manent 14. gradus, qui detracti de 90 poli altitudinem 76. graduum efficiunt.

15. Decemb. XV. Decembris, serenus adhuc fuit aër, Apeliote spirante: quo die binas vulpes cepimus, & Lunam coniunctam in Vulturno comperimus, cum iam 26. diebus comparuisset & in Scorpio esset.

16. Decemb. XVI. Decembris serenum adhuc cœlum fuit Arctapeliote flante: quo tempore nulla amplius ligna in ædibus supererant, reliqua combusta: sed in ambitu ædium contusis ignoramus iacebat, nive tamen prorsus contecta, illa nobis summo magno cum labore & molestia eruenda, & nec gelu effodienda, ut in ædes transferremus, quod bini alternatim & bini fecimus, sed propere, quia diuturna consistentia non licebat propter intolerabile & insuperabile frigus: licet caput tectum haberemus vulpinis pellibus, & duplici veste munita essemus.

17. Decemb. XVII. flante Arctapeliote, serenum etiam fuit cœlum, sed adeo ingens gelu, ut inter nos diceremus, si gelamento

tenfe vas plenum aqua extra ædes una nocte maneret, futurum ut protinus gelu adstringeretur.

XVIII. Decembris perseverante Arctapeliote cœloque sereno, septem ad navem profecti sumus, ad observandum quo in statu res essent. Sub tabulatum venientes, omnia foramina obturavimus, arbitrati vulpem nos reperturos, nullam autem vidimus: sed pervenientes in inferiorem amplitudinem, igne excusso [illegible] observavimus navis statum, an aqua aucta esset, illic vulpem invenimus, quam domum delatam [illegible] observavimus autem aquam 18. illis diebus quibus à nave abfueramus pollicem succrevisse, [illegible] aquam, sed glaciem, quæ statim ut sua residebat, gelu adstringebatur, atque etiam dolia in quibus adservabantur aquæ e Hollandia allatæ, ad fundum usque gelu constricta erat. 18. Decemb.

XIX. Decembris, Austro flante, serenum fuit cœlum, ideo lætitia afficiebamur. Solem iam dimidium cursum superasse, ut denuo ad nos accederet, ad quem nos maxime aspirabamus, nam iucundum erit Solem tam præclara illa Dei creatura, quæ totum orbem gaudio afficit. 19. Decemb.

XX. Decembris ante meridiem serenum fuit cœlum, & etiam vulpem occepamus: sed sub vesperam rapida ... dein vehemens tempestas exorta iuncta cum ingenti nivis procella ab Notozephyro, ut domus in [illegible] obsideremur. 20. Decemb.

XXI. Decembris flante Archapeliote serenum fuit cœlum atque omnibus expeditis, exitum aperuimus, & decipulas disposuimus ad capiendas vulpes, quia si interdum aliquam accipiebamus, nobis ut venatica [illegible]. 21. Decemb.

XXII. Denuo rigidus aër cum ingenti nivis procella nobis molestus fuit. Notozephyro flante, [illegible] prorsus obstruens, ut effodere nivem ad egrediendum necesse esset, quod pene singulis diebus agendum erat. 22. Decemb.

XXIII. perseverante rigido aëre & Notozephyro flante cum ingenti nivis procella, consolabamur tamen nos, Solem denuo ad nos accedere: nam secundum nostram supputationem eo die in Tropico capricorni debuit esse, qui postremus est limes, ad quem Sol ad australe latus Aequatoris progreditur, unde rursus versus Septentrionem vergit. Iacet hic Tropicus Capricorni 23. gradibus & 28. scrupulis ad Australe latus Aequatoris. 23. Decemb.

XXIIII. Decembris qui fuit pridie Natalis Domini, amœnus aër fuit. Tum denuo effodiebamus exitum ex ædibus, & versus mare coniectis oculis multam aquam apertam conspiciebamus, exaudiveramus autem glaciei profluentis stridorem, & licet nulla lux diei esset, nihilominus tam longe prospicere valebamus. Sub vesperam, exortus est vehementer ventus cum densa nivis procella ex Archapeliote, ita ut quod suffoderamus denuo oppleretur. 24. Decemb.

XXV. Archozephyro flante rigidus fuit aër, & licet talis anni esset, nihilominus vulpes supra ædificium currentes exaudiebamus, quod nonnullis malum augurium esse dicentibus suborta est quæstio, cur malum esset augurium, responsum, quia non erant in ollam coniectæ aut veru traiectæ, ea namque ratione fuisset bonum augurium. 25. Decemb.

XXVI. Decembris eodem perseverante frigido aëre eodemque Archozephyro, adeo intensum fuit gelu, ut incalescere nequiremus, tametsi omnes rationes iniremus sive ignem struendo, sive multis stragulis tegendo, sive calentes lapides & ferreos globos ad pedes & latera in nostris cubilibus applicando, nihilominus postridie mane omnia stragula candebant, tanquam pruina fuissent aspersa, adeo ut subinde mœrore mutuo nos intueremur, consolantes tamen nos quantum poteramus, iam nos in defensis montis esse, hoc est, Solem denuo ad nos revertere, observantes illud vulgare verum esse, *de dagen die langhen, esse de dagen die strenghen*. h. e. dies quo longiores fiunt, eo rigidiores sunt, spes tamen lenit dolorem. 26. Decemb.

XXVII. Decembris eodem aëre ventoque perseverantibus, ut toto triduo in ædibus concluderemur, nec caput protinus auderemus, in ædibus autem adeo ingens frigus erat, ut etiam si ante [illegible] ignem sederemus & crura pæne ustularemus, a tergo autem frigeremus, & veluti pruina aspersi videremur, quemadmodum nobis conspiciebamur, quando in Hollandia tota nocte iter conficientes, mane portas urbis ingredimur. 27. Decemb.

XXVIII. Eodem aëre perseverante & Zephyro flante, sub vesperam temperatior fieri cœpit, sic ut unus è nostris exitum, foramine in ianua facto, denuo cœperit ad conspiciendum quo in statu res essent, sed [illegible], nives erant nivem longe altiorem esse nostro ædificio, atque si diutius foris stetisset, haud dubie aures gelu corruptas fore. 28. Decemb.

XXIX. Decembris tranquillo aëre tenebris obortis Austro spirante. Quo die, quem sors tangebat, primum aperuit, niveamque suffossionem apertam fecit, quæ per 7. aut 8. gradus ex ædibus exitum pateret, quemadmodum ex cella vinaria, singulos gradus unius pedis altitudine. Decipulas & laqueos denuo apparavimus ad capiendas vulpes, quas aliquot diebus non habueramus, atque unus ex nautis illas apparando mortuam vulpem invenit in una decipula, tam rigidam atque lapis, quam in ædes delatam apud ignem ad gelu dissolvendum collocavimus, pellem ei detraximus, & quibusdam in cibum cessit. 29. Decemb.

XXX. Decembris denuo molestus fuit rigidus aër, cum tempestate ex Zephyro, & densa nivis procella, adeo ut frustraneus fuerit omnis labor quem pridie sumpseramus ad conficiendos gradus, quibus conscensis ex ædibus egrederemur, ad decipulas disponendas, quia iterum omnia nive sepulta fuerunt etiam altiore quam antea. 30. Decemb.

XXXI. Decembris eodem perseverante aëre cum tempestate ex Archozephyro, in ædibus conclusi fuimus perinde atque in carcere, tantumque fuit gelu, ut ignis vix calorem præberet, nam pedes igni opponentes, adeo soleas caligarum adurebamus, quam calorem sentiremus, sic ut perpetuo nobis essent sarciendæ, imo nisi olfactioni 31. Decemb.

tionis nidor nostras nares ante feriisset, quam calorem sentiremus, proni pronus adesset fumus, quam animadverteremus.

ANNO 1597.

ANNO MDXCVII.

Transacto sic anno in magno frigore, periculis & incommodatatibus, ingressi sumus annum à Nativitate Domini nostri M. D. X C V I I. qui initium simile habuit fini anni 1596. nam aer perinde rigidus permansit cum

1. Ianuarij. densae nivis procellis, ita ut prima Ianuarij domi conclusos manere oportuerit flante Zephyro. Eo tempore coeptum est vinum distribui in singulos parva mensura, in biduum semel. Et quandoquidem metuebamus, multo tempore nos istic haesuros ante quam discedere possemus (quod periculum nos valde angebat) nonnulli suam vini portionem conservabant quam diu poterant, ut si diu id tempus perstiteret, in novellitate aliquid in promptu haberent.

2. Ianuarij. II. Ianuarij Zephyrus perinde vehementer adhuc flavit, magnam tempestatem advehens & densae nivis procellam, & gelu, sic ut quaternis aut quinis diebus, ne caput quidem proferre auderemus, & propter ingens frigus pene quicquid ligni in aedibus habebamus absumptum erat, nihilominus extra aedes prodire verebamur ad ferenda ligna, quia adeo ingens & acre erat gelu, ut nemo foris persistere posset, diligenter tamen investigando, ad aedium vestibulum nonnullas assulas ligni reperimus, quas confregimus, simulque fidimus truncum in quo induratum piscem contundere eramus soliti, nobis opem ferentes quacunque re possemus.

3. Ianuarij. III. Ianuarij perseverante adhuc rigido aere, Arctozephyro densam nivem adferente & intensissimo frigore, adhuc in aedibus conclusi fuimus, vix ligna habentes quibus ignem strueremus.

4. Ianuarij. IIII. Ianuarij eodem rigido aere cum densae nivis procella perseverante & Notozephyro flante, adhuc in aedibus conclusos manere oportuit. Vt autem sciremus unde ventus flaret, ex camino dimidium hastam protulimus cui parvum vexillum aut parva ala alligata esset, sed illico observare oportuit unde flaret ventus, quia simulatque prolatum erat vexillum, statim instar baculi rigebat, nec torqueri poterat: proinde alter alteri dicebat, quam acre frigus foris esse debet?

5. Ianuarij. V. Aere aliquantulum mitescente, denuo januam fodiendo aperuimus, ut egredi liceret, & exhausimus omnem immunditiem & sordes quae per id tempus quo conclusi fueramus, erant collectae, atque omnibus rebus apparatis, invehimus ligna atque findimus, totum diem in eo occupantes, ut in promptu haberemus quantum fieri posset metuentes ut denuo ita includeremur. Vt vero in nostro vestibulo tres erant aditus sive januae, & aedes sub nive sepultae erant, mediam januam ademimus, & extra aedes ingentem fossam in nive suffodimus fornicis aut cellae instar, in quam concederemus exonerandi alvi & vesicae causa, & reliquas immunditias abjiceremus. Cum igitur toto die in his parandis fuissemus occupati, venit nobis in memoriam, etiam magorum, quos Reges vocant, vigiliam esse: itaque à nostro Naucleto postulavimus, ut eo die inter tot miserias semel hilares esse liceret, atque ut eam partem, parvam decreuisti Vini, quod in binos singulos dies nobis distribuebatur, concedere vellet, nos etiam quod compendisseremus in medium collaturos. Illa igitur nocte aliquantulum nos refecimus, & Regum, ut vocant, nostrum celebravimus, adiecimus duas farinae libras (quae ad chartas glutinandas destinata erat) ex qua placentas ex oleo insanaginae coximus, atque singuli biscoctum panem album Vino intinctum edimus, nobis persuadentes in patria, & apud parentes & amicos nos esse, atque non minus hilares fuimus, quam si domi opipari cenâ fuissemus excepti, adeo nobis sapida fuit. Distribuebamus etiam schedas quibus erant inscripta officiorum nomina, nostroque Conestabili contigit ut eam acciperet, quâ *Novae Zemblae* Rex declarabatur, quae protensa est in longitudinem ducentorum milliarium inter duo maria.

6. Ianuarij. VI. Ianuarij flante Archapeliote, sereno que aere, aedes egressi, decipulas reparavimus ad vulpes capiendas, quae nobis erant veluti ferina, atque magnam fossam in nive suffodimus, sub qua sepulta erant ligna ad ignem struendum idonea, quâ superne in modū fornicis cellae concionavimus, ex qua ligna quando opus erat petebamus.

7. Ianuarij. VII. Rigidus fuit aer, Archozephyro flante densamque nivem advehente cum acerrimo frigore, quo nō mediocris timor incussus fuit, ne denuo in aedibus conclusi manere cogeremur.

8. Ianuarij. VIII. Ianuarij spirante Apeliote, denuo serenum fuit caelum: itaque rursus apparatae decipulae ad nostram venationem, cuius eramus valde cupidi. Tū ex diei incremento incipiebamus observare Solem ad nos redire, quae cogitatio non modicā laetitia afficiebat.

9. Ianuarij. IX. Ianuarij denuo rigidus aer nobis fuit molestus, Archapeliote flante, gelu tamen nō fuit adeo intensum, ut precedentibus diebus, sed poteramus aliquandiu foris haerere, ad decipulas reparandas: nihilominus necesse non fuit nos de reditu in aedes monere, quia frigus satis nos docebat diu foris non esse morandum.

10. Ianuarij. X. Ianuarij Aparctias denuo serenum aerem nobis attulit, & septem è nostris, armis probe instructi ad navem profecti sumus, ad quam pervenientes, reperimus in eodem statu esse quo postremum eam reliqueramus, observavimus etiam multa ursorum vestigia magna & parva, ex quo appareret plures fuisse quam unicum aut alterum. In inferiorem navis partem pervenientes, igne excusso, & candela accensa, comperimus aquam in navi pene ad pedis altitudinem auctam esse.

11. Ianuarij. XI. Ianuarij sereno die & Archapeliote flante, paulo remissior fuit frigoris rigor, sic ut interdum liberius ex aedibus

ædibus progressi luderemus, & etiam circiter quadrantem milliaris ad montem usque curreremus, ad lapides tollendos, quibus igni expositis, deinde nos in nostris cubilibus calefaceremus.

XII. Ianuarij perseverante serenitate, & Zephyro spirante, sub vesperam valde serenus fuit aër, & cælum splendentibus stellis illustre: propterea altitudinem dimensi sumus Oculi Tauri, splendentis & bene noti sideris, quod fuit supra Horizontem 29 gradibus 54. scrupulis, cuius declinatio erat 15. graduum 54. scrupulorum ad borealem latus Æquatoris. Ea declinatione detracta de altitudine reperta manent 14. gradus, qui dempto de 90. manent 76 gradus, sic ut dimensio huius sideris, & aliorum quorundam, cum Solis dimensione conveniret, & significaret nos ibi esse sub altitudine 76. graduum, vel paulo magis. 12. Ianua.

XIII. Ianuarij serenus & tranquillus fuit aër, Zephyro spirante, atque animadvertere potuimus, diei lucem aliquantulum augeri, ita ut egressi globo luderemus, cuius cursum & volutionem ante non potueramus observare. 13. Ianua.

XIIII. Ianuarij tranquillus fuit aër sed turbidus, Zephyro spirante, quo die binas vulpes cepimus. 14. Ianua.

XV. Ianuarij Zephyro adhuc spirante, serenus fuit aër, & nos sex ad navem profecti sumus: ad quam pervenientes reperimus vestem illam vulgo *Bulcvanger* nuncupatam, sacci instar factam nautis usitatam, ex qua per bina foramina brachia exeunt, quam dum postremo in navi fueramus, in foramine tabulati posueramus ad vulpes capiendas, inde extractam, & procul extra navem delatam & raptam ab ursis, ut ex vestigijs deprehendebamus. 15. Ianua.

XVI. Aparctia flante habuimus denuo serenum cælum, sic ut interdum ex ædibus prodeuntes progrederemur ad artus deambulatione atque saltu & cursu roborandos, ne torperemus, atque meridie rubedinem quandam in aëre observabamus, tanquam prænuncium adventantis Solis. 16. Ianua.

XVII. Apartia spirante & sereno cælo, magis ac magis animadvertebamus Solem nobis viciniorem fieri, & interdiu paulo maiorem calorem sentiebamus, quàm cum apud luculentum ignem sederemus, sic ut interdum magna glaciei fragmenta à parietibus & contignatione deciderent, & ex nostris cubilibus humor stillaret, quod ante non contigerat, quantumvis luculentum ignem strueremus sed nocte rursus gelu omnia adstringebantur. 17. Ianua.

XVIII. Ianuarij Norapeliote flante, serenum etiam fuit cælum, ligna autem minui incipiebant, sic ut decerneremus lithanthraces denuo usurpandos, & caminum apertum relinquendum, ne suffocationis esset periculum, quod fecimus, nec male cessit nobis, nihilominus æstimavimus conducibilius fore carbones conservare, & aliquanto parcius lignis uti, quia carbones in futurum, cum aperta cymba domum repeteremus, nobis erant futuri utiliores. 18. Ianua.

XIX. Aparctias serenitatem nobis attulit, panis autem quantitas minui incipiebat, quia dolia usus ponderis non fuerant, propterea demensum cuiusque imminui oportuit, unde factum ut qui aliquid de demenso comparserant eo nunc uterentur, & quidam è nostris sereno cælo interdum ad navem proficiscebantur, & clam auferebant unum aut alterum panem biscoctum è dimidiato dolio, quod ad extremam necessitatem servare cogitaveramus. 19. Ianua.

XX. Nubibus obtectum fuit cælum, & tranquillus aër Notozephyro spirante, in ædibus tamen mansimus, ligna que scidimus ad ignem struendum, insuper aliquot dolia inania confregimus, abiectis supra tectis ferreis circulis. 20. Ianua.

XXI. Zephyro spirante fuit serenum cælum. Vulpium captura minui cœpit, quod veluti prognosticon fuit, ursos brevi reversuros, ut postea experti sumus: etiam quamdiu ursi latuerunt, vulpes advenerunt, deinde tam frequentes venire desierunt, circiter ursorum adventum. 21. Ianua.

XXII. Zephyro spirante fuit etiã serenitas, propterea denuo ex ædibus egressi ad globos iaciendos, & animadvertentes diei lucem augeri, quidam dicebant Solem brevi appariturum, quibus *Willelmus B.F.* dicebat vix tertia binas hebdomadas appariturum. 22. Ianua.

XXIII. Sereno adhuc cælo, & Notozephyro flante, quatuor profecti sumus ad navem, invicem confortantes & Deo gratias agentes, rigidissimam hiemis partem iam præterijsse, sperantes nobis vitam concessurum, ut in patriam redeuntes hæc omnia referremus. In navem ingressi, observavimus aquam succrescere, & singuli sumentes unum aut alterum panem biscoctum, domum redijmus. 23. Ianua.

XXIIII. *Ianuarij Zephyro spirante serenoque cælo, ego pariter Nauclerus* Iacobus Hemskerck, *& tertius quidam profecti sumus versus mare littus ad australe latus Novæ Zemblæ, ubi præter nostram opinionem ego omnium primus vidi Solis iubar, propterea statim ædes repetivimus, ut id* Willelmo B.F. *& reliquis sociis pro læto nuntio referremus.* Willelmus B.F. *prudens & exercitatus Gubernator nullam prorsus fidem adhibere volebat, siquidem maiorum esset tertium 14 diebus, quàm ut Sol illic, & in ea altitudine apparere posset. Nos contra affirmabamus Solem conspexisse, sic ut diversa de ea re essent concertationes.* 24. Ianua. Verùm, ut hic conspectum 4. Nonarum, dieb. 14. Ianuarij, quod valde admirabile est, & omnibus [illegible] occasionem præbet.

XXV. & XXVI. Fuit nebulosus & obscurus aër adeo ut non appareret, propterea qui contrarium erant opinionis, existimabant se verum vicisse: sed 27. sereno cælo omnes vidimus Solem in pleno suo orbe supra Horizontem, ex quo satis apparebat nos eum 24. conspexisse.

Atque tum, multum diversæ opiniones fuerunt prolatæ, videlicet id repugnare omnium veterum & Neotericorum Authorum sententiæ, imo ordini Naturæ, & rotunditati terræ & cæli; inde nonnulli occasionem sumpserunt dicendi nos (quandoquidem multo tempore nulla dies lux fuisset) obdormivisse, quod tamen minimè id factum fuisse certi sumus. Sed quantum ad rem ipsam attinet, ut Deus admirabilis est in suis operibus, ita ad eius omnipotentiam nos referimus, & alijs

disceptandam

disceptandum relinquemus. Sed tamen ne quis existimet nos de vere dubitare, si silentio ista praeterieremus, libenter rationem reddere volumus, quo modo in nostra supputatione non erraverimus.

Sciendum igitur est, Solem, cum primum nobis apparuit, in 5 gradu 25 scrupulo Aquarij fuisse & secundum nostram primam opinionem, dumtaxat apparuisse deberet in 16 gradu 27 scrupulo Aquarij in ea 76 graduum altitudine in qua eramus.

Super his contrarijs rebus satis admirari nequibamus, & inviscem dicebamus, an etiam in observatione temporis erraverimus, quod impossibile nobis videbatur, quandoquidem singulis diebus, nulla praetermisso, adnotaveramus quidquid actum fuisset, & semper eramus usi nostro horologio, tum, id gelu adstringeretur, clepsidra duodecim horarum. Praeterea usi fuimus diversis alijs rationibus, per quas hoc discrimen & veram temporis certitudinem deprehendere possemus. His omnibus, quae consideranda erant, consideratis, consulendum nobis fuit Iosephi Scaliae Ephemerides Venetijs cusas consistere ab anno 1589 ad annum 1600 in quibus invenimus, 24 Ianuarij (quo primum nobis apparuit Sol) Venetijs hora prima noctis Lunae & Iovis coniunctionem esse. Propterea diligentem observationem adhibuimus, quando apud ades in quibus versabamur ea coniunctio fieret. Et valde diligenti observatione facta, comperimus 24 illum Ianuarij eundem esse, quo Venetijs dicta coniunctio facta est noctu hora 1. & apud nos matutino tempore circa Solem existentem in Apeliote: nam assidue coniecto Oculo in binos iam dictas Planetas, animadvertimus paulatim viciniores sibi fieri donec Luna & Iuppiter recta supra invicem starent, uterque in sidere Tauri, idque mane hora sexta. Eo tempore fuerunt Luna & Iuppiter, supra quadrantem apud nostras ades, constituti in Hyperborea, & Auster quadrantis erat in Austroafrico, sic habuimus recta Austro, Luna tum octavo die. Ex quibus omnibus apparet Lunam & Solem octo rhombis ab invicem separatos esse. Id contigit circiter sextam matutinam, & differt à Venetijs in longitudine quinque horis, ex quibus supputatio fieri potest quanto magis ad Orientem vergebamus quam Venetia, videlicet quinque horis, pro singulis horis 15 gradus supputando, eramus igitur 75 gradibus Orienti viciniores quam Venetia. Ex quibus omnibus certo deprehendi potest, nos in nostra supputatione errorem non commisisse, atque etiam nostram veram longitudinem nos reperisse ex duobus praedictis Planetis. Venetiarum enim civitas est in 37 gradu 25 scrupulo Longitudinis, declinatio autem 46 graduum, 5 scrupulorum, unde sequitur locum, in quo in Nova Zembla *eramus, fuisse in 112 gradu & 25 scrupulo longitudinis, 76 gradu altitudinis Poli. Ea est recta longitudo & latitudo. Deinde ab extremo Orientali angulo* Novæ Zemblæ *usque ad Promontorium Tabin, extremum Tartariæ angulum, qui se convertit ad Austrum, differentia est longitudinis 60 graduum, hos intellecta gradus non esse perinde magnos atque sub Æquatore. Recte enim sub Æquatore gradus comprehendit 15 milliaria: sed recedendo vel ad Septentrionem vel ad Austrum, minuuntur gradus in longitudine, ita ut quo propius accedunt sive ad Antarcticum polum sive Arcticum, eo breviores sunt gradus. Sic ut sub altitudine 76 graduum versus Septentrionem, ubi hiemem exegimus, gradus non sunt maiores tribus milliaribus & dodrante, ex quibus facilis dimensio fieri potest, quod dum nos per 60 gradus versificatio nobis facienda erat usque ad praedictum Promontorium Tabin quod simul conficit 225 milliaria, si ad Promontorium est in longitudine 172 graduum, ut arbitrantur. Ille super eo, affirmandum esse nos in freto Anian futuros, unde deinde libere circa Austrum possemus vela facere, secundum terra praetensionem. Caeterum quantum ad ea quae sunt dicta, quod videlicet Sol sub iam dicta 76 graduum altitudine 4 Novembris nobis disparuit, & 24 Ianuarij rursus nobis conspectus est, id disputandum relinquimus qui professionem eius rei faciunt. Nobis satis sit demonstrasse, nos in tempore observatione minime lapsos esse.*

25. Ianua. XXV. Ianuarij Zephyro flante, caelum nubibus tectum fuit, sic ut revocaretur in dubium an pridie Solem conspexissemus, & fierent varia certamina, assidue observantes an Sol appariturus esset. Illo ipso die visus domino ex Notozephyro versus nostras ades advenire conspectus est, cum nullus (quamdiu Sol latuit) apparuisset. Sed clamore à nobis excitato propius non accedens, abijt.

26. Ianua. XXVI. Ianuarij serenum fuit caelum, in Horizonte autem suborta est obscura nubes quae nobis Solis conspectum ademit, sic ut reliqui nautae existimarent nos 24 hallucinatos esse, nec Solem nobis apparuisse, & irridebant nos vero firmiter asseverabamus Solem conspexisse, tametsi non plenum eius orbem. Sub vesperam noster aeger valde imbecillis factus est, & magno dolore afficiebatur, quia diu incommode decubuerat, nos tamen pro nostris viribus illum consolabamur, & exhortabamur: verum paulo post mediam noctem è vivis excessit.

27. Ianua. XXVII. serenum fuit caelum Notozephyro spirante. Nos proxime ades scrobem in nive fodimus, sed adeo Intensum erat frigus, ut foris diu persistere nequiremus, sic ut alternatim singuli paululum foderent, deinde illico ad focum se conferrent, succedentibus alijs in eorum locum, donec tandem septem pedes profunda fossa fieret, in qua mortuum sepelivimus. Deinde velut lugubri concione facta, legendo, & Psalmos canendo, funus prosequuti sumus, & sepelivimus, deinde in ades regressi prandimus. Interea sermones conferentes de densa nive quae singulis diebus cadebat, quodque si domus denuo nive concluderetur, in necessitate possemus per caminum conscendere, noster Nauclerus voluit experiri an ibi egredi posset, propterea propere excurri unus è nautis extra ades, ad conspiciendum an Nauclerus extra caminum prorepseret, ille supra nivem perveniens, Solem vidit, atque nos omnes evocavit, nos illico egressi omnes Solem in suo pleno orbe paulo supra Horizontem vidimus. Tum omnis dubitatio fuit adempta, an Sol 24 Ianuarij nobis apparuisset: tam ob causam omnes gaudio perfusi, Deo magnas gratias egimus pro sua misericordia, quod illustre illud sidus denuo nobis ortum esset.

28. Ianua. XXVIII. Ianuarij, spirante Zephyro, & sereno caelo, egressi sumus interdum, & nos carcere cepimus deambulatione,

latione, curſu, globi iactu (quantum quidem proſpicere poteramus) ad artus confirmandos & agiliores reddendos, quia longo tempore de iisdem conſideramus, eique de cauſa multi ſtomacace erant infecti.

XXIX. Denuo moleſtus fuit rigidus aër, Arctozephyro multas nivis procellas impellente, ſic vt domus denuo nive obſtrueretur. 29. Ianua.

XXX. Ianuarij, obſcurus fuit aër Apeliote flante, atque denuo per ianuam foramen in nive ſuffodimus, nivem tamen dum ſat in veſtibulum projicientes: nam quam primum obſervabamus qualis foris eſſet aëris conſtitutio, nulla cupidinas egrediendi nobis erat. 30. Ianua.

XXXI. Ianuarij tranquillus & ſerenus fuit aër Apeliote flante: propterea veſtibulum à nive liberavimus, quam ſupra aedes coniecimus, atque egreſſi, Solem clarè ſplendentem conſpeximus, quo lætitiâ fuimus perfuſi: interea vidimus vrſum verſus aedes advenientem, intro autem tacitè nos ſubducentes, atque illum expectantes, cum propinquius acceſſiſſet, ſclopo exploſo illum petijmus proximè ianuam, adhuc tamen effugit. 31. Ianua.

FEBRVARIVS 1597.

I. Februarij, pridie Purificationis Mariæ, Arctozephyro flante, rigidus fuit aër cum magnâ tempeſtate & nivis procellâ, vt domus denuo in ambitu nive cingeretur, & intus concluderemur. 1. Febru.

II. Febr. perſeverauit rigidus aër, ſic vt obſervantes Solem rigidam illam aëris intemperiem nondū ſuſtuliſſe, interdum animum quodammodo deſponderemus: quia ſub ſpe minoris aëris, tam ligni quantitatem in aedes non detuleramus, quantum antea. 2. Febru.

III. Febr. Apeliote ſpirante, denuo ſerenum fuit cælum, ſed deinde valde nebuloſum, ſic vt Solem conſpicere nequiremus, nec magnopere lætaremur nebulas majores offundi quā in hiems conſpexeramus: ſed per ianuam nive ſuffoſſā, ligna quæ apud fores erant intulimus, quæ magno labore & difficultate ex nive eruenda fuerunt. 3. Febru.

IIII. Februarij denuo rigidus fuit aër, cum ingenti nivis procella coniunctā, ex Notozephyro, atque rurſus nive fuimus obſepti: non impendimus tamen tantum laborem ad aſſiduè aperiendam ianuam: ſed cūm neceſſitas vrgeret, ut foras prodeundum eſſet, per caminum egreſſi, non abſq; periclis, per eundem caminum regrediebamur. 4. Febru.

V. Februarij Apeliote flante & procellam nivis ingentem agente, rigidus fuit aër, qui nos domi concluſit, & exitum omnem præcluſit, præterquam per caminum, qui conſcendere nequibant, intus in poterant ſua negotia peragebant. 5. Febru.

VI. Februarij eodem rigido aëre perſeverante, cum tempeſtate & nivis procella, tam iam aſſueti eſſemus per caminum egredi, quod quibuſdam ex noſtris facile erat, non ſumebamus hunc laborem ſingulis diebus nivem ſuffodere ad egreſſum. 6. Febru.

VII. Februarij Notozephyro flante rigidoq; perſeverante aëre, cum nivis procellā, oportuit nos denuo domi hærere, quod nobis magis moleſtum erat, quam ante cum Sol nobis ademptus eſſet, nunc vero illo conſpecto, & eius amoenitate guſtatā, eo carendum eſſe, dolebat. 7. Febru.

VIII. Notozephyro ſpirante, niteſcere cœpit aër, & ſerenus eſſet tum Solem exorientem vidimus in Euronoto, atque occidentem in Auſtroafrico, videlicet ſecundum quadrantem quem apud aedes ex plumbo feceramus & ad rectum Meridianum iſtic direxeramus, alioqui ſecundum noſtrum vulgarem quadrantem differentia erat duorum rhumborum integrorum. 8. Febru.

IX. Februarij Notozephyro flante amoenus ſerenuſq; fuit aër, nihilominus Solem conſpicere nequivimus, quia obſcuritas erat in Auſtro, ubi Sol exoriri debebat. 9. Febru.

X. Februarij ſerenum etiam fuit cælum & tranquillitas, ſic ut diſcernere non poſſemus unde ventus ſpiraret, atque Solis calorem intendum ſentire incipiebamus: ſed ſub veſperam Zephyrus nonnihil flare cœpit. 10. Febru.

XI. Februarij Auſtro ſpirante, ſerenus amoenuſque fuit aër & tranquillus: circa meridiem verſus aedes Vrſus advenit, quem expectabamus duplicibus ſclopis muniti, ſed tam prope ad nos non acceſſit, ut eum globo petere poſſemus. Eadem nocte denuo audivimus ſiliquent Vulpium gannitum, quas poſtquam vrſi rarius apparere cœperunt, raro videbamus. 11. Febru.

XII. Februarij ſerenus & tranquillus fuit aër Notozephyro ſpirante, quare decipulas denuo expurgavimus. Interea verſus aedes advenit ingens vrſus, quo conſpecto in aedes feſtinanter nos recepimus, & ex ianua cum ſclopis ſimplicibus tum duplicibus, quos muſquetos vulgo appellant, inſtructi, in illū intenti eramus, atque ut recta ad ianuam accedebat in pectore vulneratus & traiectus, ut globus apud caudam egrederetur, adeo planus, ut eccus nummus malleo complanatus. Vrſus vulneratum ſe ſentiens, magno conatu reſilijt, & fugiens ad circiter 20. aut 30. pedum longitudinem ab aedibus, decidit. Tum ſubito e aedibus omnes effuſi ad Vrſum profecti ſumus, vivumque adhuc reperimus, ita vt caput attollens illud ad nos obverteret, quaſi obſervaturus quis eum vulneraſſet: nos autem illi non fidentes, quia robur obſervaveramus, duplicibus binis ſclopis ipſum traiecimus quibus extinctus eſt: cadavere aperto, inteſtina eduximus, & cadaver apud aedes pertraximus, & pellem detraximus, ex eo pene centum axungiæ libras extraxim[u]s, quam liquavimus ad lucernarum uſum: quod nobis percommode accidit, quia liberaliter deinde lucernis alimentum dedimus ut tota nocte arderent, quod antea olei penuriā facere nequibamus, imo ſinguli pro arbitrio in ſuo cubili lampadē ardentē tenuerunt. Pellis fuit 9. pedes longa, 7. lata. 12. Febr.

Delineatio ursi feroci[illegible] domum accedentis, & ab uno ex nostris in foribus stante prope [illegible]

13. Febr. XIII. Februarij serenus fuit aër sed Zephyrus vehementer flavit, & lumen majus solito in aedibus habebamus ob ardentes lucernas, sic ut interdum legendo & aliis rebus, commodius tempus terere possemus, quàm ante, cùm propter obscuritatem, noctem à die vix dignoscere possemus, atque perpetuum lumen haberemus.

14. Febru. XIIII. Februarij ante meridiem Zephyro vehementer flante, serenum fuit caelum, à meridie autem tranquillus fuit aër, propterea nos quinque ad navem profecti sumus, ad observandum quo in statu esset, quam paululum plus solito aquâ repletam reperimus.

15. Febru. XV. Februarij, cùm rigidus esset aër, cum tempestate ex Notozephyro [illegible], & nivis procellâ, tota domus rursus fuit obsessa. Noctu advenerant vulpes ad ursi cadaver quod in [illegible] aedes erat, unde metuebamus, ut omnes vicini ursi ad nos essent accessuri, itaque consultum censuimus, ut statim atque domo egredi liceret, cadaver profundè sub nive reconderemus.

16. Febru. XVI. Februarij, eodem vento flante, idem perseveravit rigidus aër, atque nivis procella. Cumque is dies esset quo Bacchanalia celebrari solent, paululum nos refecimus in nostrâ tristitiâ, singuli parvum demensum vini conferentes, in memoriam, hiemis finem advenire, & iucundum ver in procinctu esse.

17. Febru. XVII. Februarij tranquillus fuit sed obscurus aër, Austro spirante. Nostram ianuam aperientes nivem palis eiecimus, & cadaver in fossam coniecimus, ex qua ligna erueramus, atque speramus, ad occasionem tollendam ne ursi ad nos allicerentur. Denuo etiam decipulas reparavimus ad capiendas vulpes. Eo die quinque rursus ad navem sumus profecti, ad observandum quo in statu esset, quam reperimus in eodem permanere, multa vulpium vestigia nihilominus in ea conspicientes, quasi per nostram absentiam eius possessionem capere voluissent.

18. Febru. XVIII. Flante Notozephyro rigidus fuit aër, cum multis nivis procellis & ingenti frigore. Noctu cum lampades arderent, & aliqui ex nostris ferme obdormivissent, exaudierunt supra tectum quorundam animalium gressus qui maiores videbantur quàm erant, adeo crepitabat nix & magnum sonitum edebat, ut etiam ursos esse putaremus. sed cùm illuxisset nulla alia deprehendimus vestigia quàm Vulpium: nox enim per se obscura & horrida, ea quae sunt horrida, horridiora efficit.

XIX. Februarij spirante Notozephyro tranquillus & serenus fuit aër. Eo die Solis altitudinem dimensi sumus, quam iam longo tempore sumere nequiveramus, quia Horizon purus non erat, cum quod adeo altus non esset, neque tantam umbram præberet, quæ in Astrolabio nobis erat necessaria: nos instrumentum fabricavimus hemicycli instar, notatum in media una parte 90. gradibus, cui appendimus filum cum plumbi fragmento pendente ut in Libella, Solis altitudinem dimensi sumus, cum esset in summa sua exaltatione, atque comperimus eum supra Horizontem esse [illegible] gradibus, cum declinatio erat 11. graduum 16. scrupulorum, qui coniuncti altitudini, efficiunt 14. gradus 56. scrupulos, quibus de 90. gradibus detractis, remanet Poli altitudo 75. graduum 44 scrupulorum. ut vero prædicta [illegible] graduum altitudo sumpta erat ab infimo Solis angulo, addendi erant 16. scrupuli ad Poli altitudinem, tum habebimus precise 76 gradus, ut in omnibus aliis dimensionibus reperimus. 19. Febr.

XX. Februarij rigidus fuit aër cum magna nivis procella à Zephyro propulsa, quâ rursus obsessi fuimus domi, ut sæpe antea. 20. Febr.

XXI. Aclinozephyro flante rigidus fuit aër, vehementes venti & densa nivis procella, quæ mœrore magis afficiebantur quàm antea, quia prorsus lignis carebamus, & confringenda quærendaque nobis fuerunt quæ prius neglecta, & neglecta, cum lignis abundaremus, sic ut illum diem & noctem transegerimus ut potuimus. 21. Febr.

XXII. Februarij serenus tranquillusque fuit aër, & Notozephyrus spiravit: atque nos accinximus ad trahendam lignis onustam quæ cedam, necessitas enim ad illud opus nos cogebat, ut vulgo dicitur, famem ex silva lupum expellere, 11. igitur armis bene instructi profecti fuimus. pervenientes autem ad locum ubi ligna reperire sperabamus, nulla eruere potuimus, quod montalte sub nive essent sepulta, propterea longius progredi necesse fuit, ubi magno cum labore aliquid eruimus: & rediens fuit nobis adeo acerbus, ut fere animo linqueremur, propter enim diuturnum frigus, & incommoditates, adeo debiles eramus & defatigati, ut vires nos deficerent, atque fere desperaremus nos recuperare posse, nec ligna amplius adferre, quo contingeret, frigore perituri essemus: sed præsens necessitas, & spes melioris valetudinis, nobis vires suggerebant, ut plus efficeremus quàm nostræ vires ferrent. Circa domum venientes, multam in mari aquam conspeximus, quæ iam longo tempore non fuerat conspecta, quod etiam nostrum animum refecit, & spem addidit melioris successus. 22. Febru.

XXIII. Februarij tranquillus fuit aër, sed obscurus, Notozephyro spirante, atque binas vulpes cepimus, quæ nobis fuerunt pro carne ferina. 23. Febru.

XXIIII. Eadem quæ præcedente die fuit aëris constitutio, & preparatas habuimus adhuc nostras decipulas ad capiendas vulpes: nullam tamen cepimus. 24. Febru.

XXV. Februarij flante Apeliote denuo fuit rigidus aër cum nivis procella coniunctus, fuimusque nive obsessi, ut egredi non liceret. 25. Febru.

XXVI. Obscurus fuit aër sed tranquillus spirante Notozephyro, ianuaque aperta egressi, corpus exercuimus deambulatione & cursu, ad membra nostra agiliora reddenda, quæ desidiâ pæne torpuerant. 26. Febru.

XXVII. Tranquillus fuit aër, Austro flante, sed frigus acre, nostraque ligna valde minuebantur, quapropter magnopere eramus anxij, animo reputantes quàm acerbu nobis fuisset postrema vectura, quodque denuo repetenda esset, nisi frigore perire vellemus. 27. Febru.

XXVIII. Februarij tranquillus perseveravit aër Notozephyro spirante, & 10. profecti eo die lignorum vecturam adornavimus, non minore labore atque molestia quam ante: quia unus è nostris nos iuvare nequibat, propter maioris digiti pedis primum articulum gelu corruptum. 28. Febru.

MARTIVS 1597.

I. Martij serenus & tranquillus fuit aër, Zephyro spirante sed tamen ingens & acre frigus, & nobis parcè utenda erant ligna, quia adeo acerbum erat illa quærere, invenimus igitur, quantum vires ferre poterant, ad corpus calefaciendum, cursu, deambulatione, saltu nos exercebamus, & usque in suis cubilibus hærebant lapides calentes præbebamus ad calfaciendum, & sub vesperam luculentum ignem struebamus, quo contenti eramus. 1. Martij

II. Martij frigidus serenusque fuit aër Zephyro spirante. Eo die sumpta Solis altitudine cum in summa exaltatione esset, invenimus eum 6. gradibus 48. scrupulis supra Horizontem elevatum esse, eius declinatio erat 7. graduum 12. scrupulorum, quæ coniuncta, 14. efficiunt, eo autem vero detracto de 90. Poli altitudo remanet 76. graduum. 2. Martij

III. Martij serenus tranquillusque fuit aër & Notozephyrus spiravit, sic ut nostri ægri paullulum reficerentur & in suis cubilibus sedere inciperent, ad aliquid agendum fallendi temporis gratiâ, quod postea illis non bene cessit, quia maturius quàm oportebat surrexissent. 3. Martij

IIII. Martij, Zephyro spirante, tranquillus fuit aër. Quo die adhuc Vrsus versus ædes venit, nos vero illum ut antea cum sclopis expectantes, eum ferivimus, nihilominus effugit. Nos etiam quinque ad navem profecti, observavimus ursos in navi omnia turbasse, & cultum lanceam profundè sub nive sepultam confregisse, existimantes forte sub ea aliquid latere, & magnum eius fragmentum extra navem protraxisse, ubi postea reperimus. 4. Martij

V. Martij flante Notozephyro, asper fuit aër. Atque cum sub vesperam iam tepescente aëre ex ædibus progrederemur, in mari conspeximus maiorem aquæ quam unquam antea, unde gaudio affecti fuimus, sperantes nos cum tempore discessuros. 5. Martij

6.Martij. VI. Martij, perseveravit rigidus aër cum magna tempestate ex Notozephyro, & multis nivis procellis. Atque eodem die quidam è nostris conscendentes caminum, observarunt in mari & circa continentem, multam aquam apertam, sed navis firmiter adhuc in glacie adstricta remansit.

7.Martij. VII. Idem perseveravit asper aër & ventus, sic ut penitus in aedibus conclusi essemus, & qui egredi vellent, continuo conscensu id agere oporteret, quod nobis valde familiare erat. Conspiciebamus etiam magis ac magis apertam aquam in mari & secundum continentem, atque existimabamus navem in istis tempestatibus & glacie profluente, à glacie propelli posse, interea dum domi conclusi eramus, quam non possemus deinde liberare.

8.Martij. VIII. Martij perseveravit idem asper aër, Notozephyro flante cum tempestate & nivis procella, sic ut versus Arctapeliotem nullam glaciem in mari conspiceremus, unde conijciebamus in Arctapeliote nobis opposito liberum esse mare.

9.Martij. IX. Martij fuit etiam rigidus aër, minus tamen quàm superioribus duobus diebus, minoreque nivis procella, adeo ut longius adhuc conspiceremus apertam aquam versus Arctapeliotem, sed versus Tartarum glacies adhuc apparebat in Tartarico seu glaciali mari, coniecturam facientes non procul inde abesse. Nam sereno caelo, saepe nobis persuadebamus continentem conspicere, & alter alteri ostendebamus versus Austrum & Euronotum, nostris aedibus oppositos, veluti montanam regionem, ut communiter regiones apparent, quando aequaliter conspici possunt.

10.Martij. X. Martij flante Aparctia, serenus fuit aër, itaque aedes repurgavimus, & nive fussosa egressi conspeximus mare late apertum, sic ut alter alteri diceret si navis libera esset possemus velificationem experiri, stupida autem aut littre incommodum fuisset, propter ingens frigus quod istic perseverabat. Circa vesperam, nos novem ad navem profecti sumus, traham ducentes ad ligna ex ea efferenda, absumptis ijs quae domi habebamus, navemque in glacie adhuc firmiter inhaerentem reperimus.

11.Martij. XI. Martij Arctapeliote spirante, frigidus fuit aër, caelumque serenum & Sole illustratum: propterea eius altitudinem dimensi sumus Astrolabio, & reperimus eius elevationem esse supra Horizontem 10. graduum 19. minutorum, eius autem declinationem 3. graduum 41. scrupulorum, quae cum elevatione coniuncta, 14. graduum numerum in arte, explent, ij detracti de 90. manet Poli altitudo 76. graduum. Deinde nos 12. traham ducentes profecti sumus ad ligna petenda ex consueto loco sed magis ac magis difficili labore, quia in dies debiliores fiebamus. Domum cum lignis regressi, & plane defatigati, à Nauclero petijmus nostrum vini demensum, quod obtinuimus, eoque refecti & corroborati, in posterum promptiores fuimus ad subeundos labores, qui paene intolerabiles erant, nisi necessitas vires sufficeret, imo saepe alter alteri dicebat, si ligna alicubi aere comparanda, nostris menstruis stipendijs illa libenter redempturos.

12.Martij. XII. Martij Arctapeliote flante asper fuit aër, & denuo glacies vehementer influere coepit quae à Notozephyro fuerat propulsa, tantumque frigus exortum est, ut totâ hieme maius non senserimus.

13.Martij. XIII. Martij, eodem vento perseverante, idem rigidus permansit aër cum nivis procella, & glacies vehementer influens, magno cum fragore collidebantur, & in alteram insurgebant, ut etiam terrorem audientibus incuteret.

14.Martij. XIIII. Impetuose flante Circia, eodémque perseverante rigido aëre, mare denuo prorsus concretum fuit, & asperrimum frigus exortum, ut nostri aegri, qui maiore aura nimis [illegible] sese aeri exposuerant, magis affligerentur.

15.Martij. XV. Martij Aparctias serenitatem attulit, quo die, aedes denuo aperuimus, ut egredi liceret, frigus tamen in dies augebatur & asperius fiebat.

16.Martij. XVI. Eodem Aparctia spirante, serenum valde fuit caelum, sed insigniter asperum & frigidum, nobisque magis molestum, quia cum paene iam ab eo liberatos esse arbitraremur, adeo rigide nos denuo invadebat.

17.Martij. XVII. Eadem serenitas spirante eodem vento perseveravit, simul etiam eadem frigoris asperitas, sic ut istâ perseverantiâ magnopere affligeremur, ignorantes quid nobis adhuc succederet, cum intolerabile esset frigus.

18.Martij. XVIII. Martij, non modo eadem aeris intemperies & frigoris asperitas perseveravit, sed insuper ingens nivis procella ab Arctapeliote exorta est, quae aedes penitus obstruxit, ut nec egredi liceret, nec fere prospicere.

19.Martij. XIX. Martij, iisdem vento, aëre, frigore, perseverantibus, glacies magis ac magis comprimebantur & stipabantur cum magno fragore, quem etiam ex aedibus exaudire poteramus, illibenter tamen.

20.Martij. XX. Cum ventus & aër in eodem statu permanerent, & ligna deficere inciperent, consilij expertes eramus, sine lignis enim frigore nobis erat pereundum, vires autem erant adeo exhaustae, ut ad ea inferenda vix sufficerent.

21.Martij. XXI. Martij tranquillitate exorta, frigus tamen Aparctia flante, non est imminutum. Sed cum Sol eo die Arietis signum ingrederetur in Aequatore, meridie eius altitudinem dimensi sumus, quam 14. graduum supra Horizontem esse comperimus, cumque esset in media linea, ab utroque Tropico aequaliter distans, nulla fuit declinatio versus Austrum, vel Aparctiam ea altitudine dempta de 90. manet Poli altitudo 76. graduum. Eo die ex nostris pileis soccos confecimus, quos supra caligas induximus, in calceis enim diutius persistere nequibamus, propter ingens frigus, quia ut cornu indurueram, atque vehere ligna summo cum labore & difficultate adveximus, asperrimo frigore nos persequente, tanquam Martius nobis vale dicere vellet, et tamen magis nos confidebanur, tu, frigus, licet asperrimum, perpetuo non duraturum, sed tandem semel desiturum.

XXII. Martij serenus tranquillusque fuit aër, Arctapeliote spirante sed perseverante frigore, eam ob causam 22. Martij.
nonnulli, cum adeo molestum esset & difficile ligna advehere, auctores fuerunt, ut semel in die ignem è carboni-
bus strueremus.

XXIII. Arctapeliote flante rigidissimus fuit aër & asperrimum frigus, ut lucaleniorem ignem struere necesse 23. Martij.
se esset, quàm prius: frigus enim longè asperius erat solito, geluque denuo inhæsit & contignationi & parietibus interioribus ædium.

XXIIII. Apartias eundem aërem & gelu attulit cum ingenti nivis procella, ut penitus in ædibus concluderemur, 24. Martij.
atque carbones, è quibus ante incommodum senseramus, nobis valde utiles experiremur.

XXV. Licet Zephyrus spiraret, neque aëris neque frigoris rigor imminutus est, sed eodem statu permansit, qua- 25. Martij.
propter animum quodammodo despondebamus.

XXVI. Martij serenus & tranquillus fuit aër eodem Zephyro spirante. Eam ob causam, aperuimus nobis viam 26. Martij.
extra ædes & prodijmus, lignorumque vehem advehimus, quia per asperrimum illud frigus consumpseramus
quæ habebamus.

XXVII. Martij, eadem aëris serenitate & tranquillitate perseverante, glacies denuo cœpit effluere, ut aqua appa- 27. Martij.
reret, nihilominus navis gelu adstricta manebat.

XXVIII. Martij eadem serenitate perseverante, licet Notozephyrus flaret, glacies validius propulsa est, & æquor 28. Martij.
magis apertebatur: nostrûmque sex ad navem profecti, ad observandum quo in statu esset, illam in pristino quidem statu comperimus, sed ursos in ea multa conturbasse animadvertimus.

XXIX. Martij Arctapeliotes, tametsi eandem serenitatem conservaret, glaciem nihilominus denuo influere 29. Martij.
compulit. Eodemque die trahum lignis onustam adhuc intulimus, licet in dies molestius & difficilius nobis
esset, ob debilitatem.

XXX. Martij perseverante serenitate & Apeliote flante glacies valde influebat. A meridie bini vel secundum a- 30. Martij.
dex præterea viri navem profecti sunt, nobis relictis.

XXXI. Eadem aëris serenitas constans fuit, Arctapeliote flante, qui in dies majorem glaciei quantitatem infere- 31. Martij.
bat, sic ut fragmenta in invicem illisa, magnorum montium instar adsurgerent.

APRILIS 1597.

I. Aprilis Apeliote vehementer flante, eadem serenitas perstitit, sed idem frigus afferens, quocirca è carboni- 1. Aprilis.
bus ignem struximus, quandoquidem ligna inferre nimis molestum esset.

II. Aprilis Arctapeliote spirante, tranquillus & serenus aër fuit, eam ob causam Solis altitudinem dimensi su- 2. Aprilis.
mus, quam 12. gradium 40. scrupulorum super Horizontem esse comperimus, declinationem verò 4. graduum
& 40. scrupulorum, quibus de elevatione detractis, manent 14. gradus, qui de 90. ademptis, Poli altitudinem 76.
graduum efficiunt.

III. Aprilis, eodem vento perseverante simul cum serenitate & tranquillitate, clavam confecimus ad globum 3. Aprilis.
impellendum, ut membra exercitio agiliora redderemus, in quam rem omnia experiebamur.

IIII. Nocte enim etiam fuit eadem, sed inconstans ventus. Quo die omnes simul ad navem profecti, anchoram 4. Aprilis.
[illegible] ex receptaculo eduximus, ut si forte navis à glacie solveretur, aut fluitare inciperet,
adsurgere posset.

V. Aprilis Arctapeliotes vehemens denuo magnam aëris intemperiem advexit, & vehementer glaciem impu- 5. Aprilis.
lit, ut alia supra in vicem assurgeret, & navem magis comprimeret, & arctius stiparet quam antea.

VI. Aprilis idem rigidus aër perseveravit Arctozephyro vehementer flante. Nocte advenientem Ursum versus 6. Aprilis.
ædes trajicere globo putabamus, sed cum humidus esset aër atque pulvis madidus, ignem concipere nequivit. Ursus verò descendens per gradus impetûque ædes ingredi nitebatur: nauclero tamen fores claudente, quibus præ fe-
stinatione & obscuritate pessulum obducere non potuit. Ursus autem conspiciens ædes esse clausas, abijt. Duas deinde post horas ad ædes redijt, easque circumiens, atque tandem conscendens adeo magnum clamorem edidit, ut
horrendum esset auditu, postremum ad caminum accedens tanta vi revellere cœpit, ut dilaceraturum arbitraremur,
velumque quo caminus cinctus erat, dilaceravit: cum verò nox esset, propter obscuritatem illi non restitimus.
Tandem, nobis derelictis, recessit.

VII. Aprilis Notozephyro flante, rigidus adhuc fuit aër, & armis nostris atque duplicibus sclopis expeditis, ur- 7. Aprilis.
sum præstolabamur, sed non advenit. Tum conscensis ædibus, observavimus quantis viribus ursus vela dissipasset
adeo firmiter infixa.

VIII. Aprilis eisdem aëre & vento perseverantibus, glacies denuo diffluxit, & apertum est mare, unde ut sæpe 8. Aprilis.
antea, spes concepta, nos semel ex loco molesto loco digressuros.

IX. Aprilis serenus fuit aër, sed sub vesperam, magna fuit eius intemperies, eodem tamen vento perseverante, 9. Aprilis.
ut magis ac magis mare aperiretur, atque magna lætitia afficeremur, Deo gratias agentes, quod nos à præterito frigore, & rigida intolerabilique hieme nos liberasset, sperantes brevi benignam egressum nobis concessurum.

X. Aprilis

10. Aprilis x. Aprilis rigidus fuit aër, Arctapeliote magnam tempestatem excitante, & nivis ingentem procellam, unde glacies quæ diffluxerat, rursum adfluens, totum mare complevit.

11. Aprilis xi. Aprilis, serenum fuit cælum, vento validè assurgente ex Arctapeliote, quapropter glaciei fragmenta in dies supra invicem propellebantur & in altum adsurgebant.

12. Aprilis xii. Serenum etiam fuit cælum, Arctapeliote nihilominus validè flante, ut præcedentibus duobus diebus, atque glaciei fragmenta supra invicem attollebantur instar montium, sicut navem in ambitu altius & firmius congererent, quàm antea.

13. Aprilis xiii. Spirante Aparctia, serenus & tranquillus fuit aër: atque calceos ex pileis confectos induentes, ex quibus magnam utilitatem sensimus, trahas adveximus ligna in ædes.

14. Aprilis xiiii. Aprilis, sereno perseverante aere, licet Zephyrus flaret, glaciei montes prævisi in navem undique cinxerant, ut aspectu horrendum esset, & valde mirum nos in fragmenta non comminui.

15. Aprilis xv. Aparctia flante serenum & tranquillum fuit cælum. Quo die nostrûm septem ad navem profecti sumus, observaturi quo in statu esset, eam in eodē quo ante reperimus. Nobis redeuntib. occurrit ingens ursus, cui ad resistēdum nos comparavimus, sed id animadvertens, cessit. Profecti autem ad locū è quo advenerat, observavimus an antrum aliquod istic esset, atque magnam cryptam in glacie conspeximus ad humanam altitudinem profundam in ingressu angustam, interius valde amplam, in quam nostris hastis immissis, periculum facere voluimus an alia bestia in ea lateret, sed nihil inesse videntes, nostrum unus cryptam ingressus est, non tamen altè descendit quia nimis horribilis aspectu erat. Inde maris oram legentes, glaciem observavimus tam alte supra invicem cōgestam sub Martij finem & Aprilis initium, ut integræ urbes cum suis turribus & propugnaculis ex glacie constructæ viderentur.

16. Aprilis xvi. Aprilis, flante Arctozephyro, rigidus aër glaciem aliquantulum comminuere cœpit.

17. Aprilis xvii. Aprilis, Zephyrus serenum aërem attulit, cum ob causam nostrûm septem ad Navem profecti sumus, ad quam pervenientes, apertam aquam in mari conspeximus, ideo per glaciei aggeres & montes quam commodè potuimus iter facientes, ad aquam pervenimus, quæ toto semestri aut septē mensium spatio nobis visa nō fuerat.

Observavimus in aquâ parvam avem natantem, quæ nobis conspectis, se mersit. Id fuit nobis argumentum magis apertum esse mare quàm ante, & iam tempus advenire, quo glacies dissolvenda esset.

18. Aprilis xviii. Eodem vento & aëre perseverantibus, Solis altitudinem dimensi sumus, quam comperimus xxv. graduum & 10. scrupulorū esse: eius declinatio fuit 11. graduum 12. scrupulorū, quibus deductis de repertā altitudine, restant gradus 13 scrupuli 58. illis demptis de 90. Poli altitudo reperitur 76. graduum binorum scrupulorum. Deinde nos undecim trahā lignis onustam ad ædes pertraximus. Nocte ursus nostras ædes conscendit, sed nobis omnibus egressis cum armis varij generis, audito strepitu profugit.

19. Aprilis xix. Aprilis Aparctias serenitatem induxit. Eo die nostrûm quinque balneum ingressi sumus, quo magnopere fuimus recreati, & vires restauratæ.

20. Aprilis xx. Aprilis, eadem serenitate perdurante, licet Zephyrus spiraret, nostrûm quinque profecti ad locum unde ligna petebamus, lebetem cum alijs necessarijs super trahas perduximus ad antennas eluendas, quia istic ligna in promptu erant, & abundantia opus erat, ad glaciem liquandam, & aquam calefaciendam, deinde ad antennas denuo resiccandas, minus enim difficile & laboriosum arbitrabamur id agere, quàm ligna ad ædes pertrahere.

21. 22. Aprilis. xxi. Aprilis, Apeliote spirante, serenum etiam fuit cælum, atque etiam die illum sequente, sub vesperam tamē ad Aparctiam conversus est ventus.

23. April. xxiii. Amœnus fuit aër & serenus, vehementer flante Apeliote, sequens etiam dies illi fuit similis, Apeliote spirante.

25. April. xxv. Aprilis, ijsdem vento & aëre perseverantibus, ad ædes accessit Ursus qui sclopo petitus, profugit, quem secutus est alter qui istic vicinus erat.

26. 27. Aprilis. xxvi. & xxvii. Aprilis serenus etiam fuit aër, sed Arctapeliotes magnam tempestatem excitavit.

28. Aprilis xxviii. Aprilis sereno & tranquillo cælo & Aparctia spirante, denuo sumpta est Solis altitudo, quæ reperta est 28 graduum esse & 8. scrupulorum, eius declinatio autem 14. graduum 8. scrupulorum his de 90, subductis, manet Poli elevatio 76. graduum.

29. Aprilis xxix. Aprilis eadem aura & tranquillitate perseverantibus, exercuimus nos globis & telis iactis ab ædibus usque ad navem, & inde ad ædes, ut artus robustiores & agiliores redderemus.

30. Aprilis xxx. Amœnus serenusque fuit dies & tranquillus lucidusque aër, Notozephyro spirante, & nocte versus Aparctiam, cum Sol esset in summā sua exaltatione, recte supra Horizontem eum adhuc conspicere potuimus, sic ut tum nocte & die Sol nobis splenderet.

MAIVS 1597.

1. Maij. Primus dies Maij serenus fuit, spirante Zephyro: quidquid carnium reliquum fuit (à quibus longo tempore abstinueramus) eo die percoctum est, & cum essent adhuc incorruptæ, non minus sapidæ fuerunt quàm initio, in eo vitium fuit, quòd magis non abundaremus.

11. Maij

II. Maij inamœnus fuit aër, magnâ tempestate à Notozephyro exortâ, sic ut mare magnâ ex parte à glacie li- 2. Maij.
beraretur, quapropter desiderium nos incessere incipiebat istinc discedendi, quia fatis diu ibi hæseramus.

III. Maij eodem Notozephyro flante, rigidus permansit aër, ut glacies omnino propelleretur, navem tamen 3. Maij.
firmiter adhuc ambiebat. Vt vero validiores cibi, quales sunt caruta & avena munda, atque alij qui nobis robur
addebant, deficiebant, robustos autem nos esse oporteret, ad ferendos labores qui discessuris subeundi erant, Nauclerus quidquid restabat [illegible] in parvo dolio inter nos divisit, ut singuli in decem binas uncias [illegible] perent,
per tres hebdomadas continuas, antequam absumerentur.

IIII. Maij, licet idem Notozephyrus flaret, commoda fuit aëris temperies, Eo die nos quinque ad navem pro- 4. Maij.*
fecti, eam reperimus majore glaciei copia obsessam, quàm antea nam medio Martio 75. duntaxat passus ab aperta aqua aberat, nunc autem penè quingentis passibus glacies grandis tumulis instar montium septa, ut ingenti
metu corriperemur, qua ratione scapham & lintrem usque ad aquam pertraheremus, cum inde essemus discef-
suri. Nocte ursus denuo ad ædes accessit, sed audito nostro motu illico se in fugam conjicere animadvertit nostrûm unus qui è camino prospiciebat, sic ut illis metus injectus esse videretur ne adeo audacter nostras ædes accederent quemadmodum antehac.

V. Maij tranquillo licet aëre Apeliotes nivem attulit. Vespere autem & noctu Solem aliquantulum supra Hori- 5. Maij.
zontem conspeximus, cum esset in summâ suâ declivitate.

VI. Maij serenus quidem fuit aër, sed Notozephyrus vehementer flavit, ut tam versus Orientem, quam versus 6. Maij.
Occidentem Mare apertum conspiceremus, sic ut omnes gaudio afficerentur, valde desiderantes domum regredi.

VII. Maij, rigidus fuit aër, densam nivem Aparctia advehente, ut denuo in ædibus obsideremur, quapropter 7. Maij.
nautæ tædio affecti, dicebant, hæc aëris intemperies nunquam nos deseret: itaque præstabit ut cum apertum erit
mare, illico hinc nos subducamus.

VIII. Maij, Zephyrus rigidum aërem attulit cum densissimâ nive. Itaque nonnulli nautæ, consilium inire cœ- 8. Maij.
perunt de compellando Nauclero, jam plus quam tempus esse ut inde discederent: sed nemo audebat apud Nauclerum hæc verba proloqui, quandoquidem eum dicentem audiveram, se differre velle in finem Iunij, medium
videlicet æstatem, si forte navis tum a glacie liberari posset.

IX. Maij serenum fuit cœlum & satis commoda aëris temperies, spirante Arctapeliote, propterea major inter 9. Maij.
nautas incumbebat cupido in dies istinc discedendi, & statuerant, ut *Wilhelmus B. f.* rogaretur, persuadere ni-
teretur Nauclero, istinc discedendum esse, sed ille lenitate quadam eos compescuit, & à sententia dimovit, propo-
sitis rationibus, quas nautæ libenter admiserunt.

X. Maij Arctozephyro flante serenum fuit cœlum. Nocte, Sole in Aquilone in infimâ declivitate existente, se- 10. Maij.
cundum vulgarem quadrantem, ejus altitudinem dimensi sumus, quam trium graduum 45. scrupulorum esse
comperimus, declinationem verò 17. graduum 45. minutorum, à quo deducta altitudo prædicta, remanent 14.
gradus, iis dempti de 90. manet Poli altitudo 76. graduum.

XI. Maij Notozephyrus serenitatem aëris attulit, & mare prorsus apertum fuit, ideo nautæ denuo *Wilhelmum* 11. Maij.
Bernardi f. monuerunt, ut Nauclero indicaret ipsorum intentionem; quod primâ occasione se facturum
pollicitus.

XII. Maij rigidus fuit aër cum tempestate ex Arctozephyro, ut maris apertura in dies augeretur, ex qua re non 12. Maij.
mediocrem spem concepimus.

XIII. Tranquillitas aëris licet esset, ex Arctozephyro tamen densa nix cecidit. 13. Maij.

XIIII. Maij, sereno cœlo & Aparctia flante, postremum velum lignorum in ædes intulimus, soccos et galeris 14. Maij.
confectos pedibus inductos retinentes, quos nobis utiles sentiebamus. Quo die nostri nautæ *Wilhelmum B. F.*
monuerunt ut Nauclero indicaret, rationes esse quærendas, ut domum reverti possemus, quod pollicitus est postridie se facturum.

XV. Cum serenum esset cœlum spirante Zephyro, dimissi sunt extra ædes omnes nautæ, ut se exercerent glo- 15. Maij.
bi iactu, cursu, saltu, atque alijs rationibus, ad artus refocillandos & roborandos. Interea *Wilhelmus B.F.* Nauclero
indicavit nautarum decretum, qui respondit, duntaxat ad finem ejus mensis dilatam iri profectionem, tum si nulla ratio appareret navem liberari posse, omnia fore apparanda ut cum scapha & lintre discederent.

XVI. Maij eodem Zephyro flante valde serenum fuit cœlum, lætatique sunt nautæ responso Nauclero, licet dies 16. Maij.
Indicitus nimis serus videretur, quandoquidem multo tempore opus esset, ad concinnandam scapham & lintrem, ut
apta essent ad navigandum in mari, propterea quibusdam consilium videbatur scapham secta secare, ad eam lon-
giorem faciendam, quod licet videretur commodum, incommoditatem tamen attulisset, quia quo commodior
fuisset scapha ad velificandum, tanto incommodior fuisset ad illam supra glaciem trahendam, ut postea nos
facere oportuit.

XVII. & XVIII. Maij Zephyro spirante, serenum etiam fuit cœlum, ex primo quoque momentum, quando parare- 17. 18. Maij.
mus nos ad discessum.

XIX. Maij serenus & tranquillus fuit aër Apeliote flante, & nostrûm quatuor ad navem & maris oram profecti, 19. Maij.
ad observandum quâ commodiore viâ, lintres in aquam pertrahere possemus.

20. Maij. xx. Maij rigidus fuit aër Arctapeliote flante, qui glaciem denuo valide influere fecit, Meridie Nauclerum compellantes, diximus iam tempus esse, ut omnia apparemus, ne, si commoda occasio discedendi daretur, quid remorari nos posset: respondit ille perinde sibi curam esse suam vitam, atque nobis nostram, nos tamen inciperemus vestes aliaque necessaria ad iter comparare, & vestes resarcire, ne huiusmodi postea nos remorarentur, & sic usque ad Maij finem expectaremus, deinde scapham & lintrem omnibus ad iter necessariis instrueremus.

21. Maij. xxi. Serenum quidem fuit cælum, sed Arctapeliotes adhuc glaciem influere faciebat, nihilominus accingebamus nos ad iterum nostro corpori necessariarum comparationem, ne quid postea nobis esset in mora.

22. Maij. xxii. Serenus & tranquillus fuit aër Arctozephyro flante, atque propter lignorum penuriam, ligneum murum ad ædium vestibulum confregimus ad ignem struendum.

23. Maij. xxiii. Maij Subsolano flante, amœnus & serenus fuit aër, proptera quidam è nostris suas interulas lotum iverunt ad locum ubi congesta erant ligna.

24. Maij. xxiiii. Notapeliote flante amœnus & serenus etiam fuit aer, pauca tamen fuit aperta aqua.

25. Maij. xxv. Amœno serenoque aëre, & Subsolano spirante, Solis altitudinem dimensi fuimus, qui elevatus erat supra Horizontem 34 gradibus 46 scrupulis, eius declinatio 20 graduum 46. scrupulorum, qui ab elevatione deducti 14 gradus conficiunt, iis de 90 detractis, manet poli altitudo 76. graduum.

26. Maij. xxvi. Amœnum serenumque fuit cælum, sed ab Arctapeliote magna tempestas exorta, quæ glaciem denuo densam coegit.

27. Maij. xxvii. Maij Arctapeliotes vehementer flans rigidam intulit aëris intemperiem, & glacies valide influebat, eam ob causam interpellatione nautarum concessit Nauclerus, ut primo quoque tempore adparatus fieret ad istinc discedendum.

28. Maij. xxviii. Mane rigidus fuit aër Arctozephyro flante, à meridie autem remissior, & nostrûm 7 ad navem profecti fuimus, illatum quidquid necessarium erat ad lintrem & scapham instruendam, videlicet vetustam dolonem ad vela conficienda scaphæ & lintri idoneos, præterea asseres parietibus detractos, funes, & plura alia.

Vtensilia comparavimus ad lintrem reparandum, quæ damnum reperire possemus: sed cum ob [illegible] *frigus & penuriam,* [illegible] *inbecilles reddit essemus, quæ relinquenda fuit, lintrem enim ad ædes producere* [illegible]*, ut illic reparatur,* [illegible] *dubitamus, at lintrem* [illegible]*, nihilominus illic esse tenendum & perorandum, quem propter imbecillitatem laboris* [illegible] *non potueramus.*

xxix. Maij mane Zephyro spirante commodus satis fuit aër, & nos cum decem profecti ut linterem apud ædes pertraheremus ad eam reparandum, sed eam reperimus profunde sub nive sepultam, quam magno cum labore effodimus: cumque ex nive eductam eam ad ædes pertrahere tentaremus, non poteramus, propter debilitatem & macilem, quam ob causam prorsus animo deficiebamus, existimantes nos in labore perituros: sed Nauclerus cohortabatur nos ut aliquid supra vires tentaremus, quia nostra salus & vita ex eo dependebat: nam nisi lintrem pertraheremus & repararemus, manendum istic nobis fore tanquam *Novæ Zemblæ* civibus, & illic esse sepeliendos. Non deerat tamen nobis animus, sed vires deficiebant, propterea tunc nobis ab opere desistendum fuit, sed non sine animi dolore, cum cogitaremus quid faciendum nobis esset. 29. Maij.

Delineatio reparationis scaphæ, ut commodior esset ad navigandum in mari, cum id oporteret, quo a longum nobis iter, videlicet trecentarum milliarium secundum litus erat nobis emetiendum aperta scapha, antequam perveniremus ad proximum locum ab hominibus habitatum, ultra album mare in Russiam.

Postquam ita defatigati & animo despondentes quodammodo, domum à meridie redijssemus, paulo post animum resumentes, cohortati fuimus nos mutuo, ut scapham, quæ apud ædes inversa erat, converteremus, quam reparare cepimus, ut nobis in mari navigantib. utilior esse posset: animo enim reputabamus longum & tediosum iter nobis esse faciendum, in quo magnæ difficultates nobis objicerentur: propterea illam optimus quas poteramus rationes instruximus, in omnibus tamen rebus nobis non satisfaciebamus. Ut vero in opere eramus, conspeximus Ursum ad nos venire, sed nos ad ædes concedentes, eum istic præstolabamur ad singulas tres ianuas sclopis armati, & alius supra caminum cum duplici sclopo. Is tamen impetu ad nos veniebat, magis quam unquam alias, nam pervenit usque ad gradus unius ianuæ, & qui in ea ianuâ erat illum non conspiciebat, quia faciem ad aliam ianuam habebat obversam: sed qui in ædibus erant videntes ursum illi imminentem, valde territi vociferati sunt, ita sese convertens ursum conspectum globo penitus terruit, eumque medium trajecit, inde ursus profugit. Et sane parum abfuit quin periret, quandoquidem ursus illi iam imminebat ante quam animadverteret, & si fefellisset eum sclopus, ut interdum contingit, haud dubie perierat, & ursus fortisan ædes ingressus esset. Ursus vulneratus profugiens haud procul ab ædibus concidit, statim omnes sclopis & aliis armis instructi eum persequuti sumus & porro mactavimus, deinde ejus alvum aperientes, plurce frusta non pridem devorare pellem & pilos adhuc retinentia in ea invenimus.

30. Maij. XXX. Maij satis commodus fuit aër, non valde frigidus, sed obscurus, flante Zephyro, atque omnes qui ad fabricam erant apti, scapham apparabant, alij in aedibus vela consuebant & reliqua ad iter necessaria [illegible] dum qui foris erant ad scaphae fabricam erant occupati, advenit ursus, cuius causa opus deseruerunt, & cum [illegible] deinde asseribus ab aedibus demptis scapham celsiorem fecimus, atque in hunc modum opus urgebamus, quia tamen eram alacres in labore iam ita [illegible], etiam supra vires.

31. Maij. XXXI. Maij serenus fuit, sed aër frigidior paullo solito, flante Nortzephyro, qui glaciem [illegible] vero in opere versantibus, advenit adhuc ursus quasi adoraturus nos [illegible], & nunc degustare non valebit: quia iam tribus continuis diebus nos ferociter adgrediebantur: domum enim reperientes tectam opere, insequutus est, nos autem illum expectantes tribus sclopis eodem momento explosis cum occidimus, uno è camino reliquis duobus ex ianua explosionem. Sed nostri [illegible] nobis fruges [illegible] fuit, quam vitam illo [illegible], iecur eius coctum manducavimus, quod bene quidem saporis fuit, [illegible] omnes qui ederimus in morbum incidimus, praesertim tres, quos morituros arbitrati fuimus, nam à capite ad pedes epidermis decidebat; sanati tamen restituti fuimus, cuius rei causa gratias Deo egimus, nam si tres viros hac ratione amisissemus, illinc forte discedere nequivissemus, quia ob paucitatem longè infirmiores fuissemus ad labores tolerandos.

IVNIVS 1597.

1. Iunij. Primo Iunij licet amoenus esset aër, quia tamen maxima pars nostrorum nautarum in morbum inciderat ob manducationem iecoris ursini, ut tenuissimus, eo die nullam operam praestare poterant in reparanda scapha: cumque olla adhuc igni imposita esset, in qua iecur inerat, Nauclerus eam extra aedes eiecit. Deinde nostrum quatuor validiores profecti sunt ad navem, ad observandum numquid adhuc inesset nobis utile futurum ad navigationem, atque reperierunt dolium piscibus *Crep* nuncupatis similibus fere anguillis, plenum qui distributi sunt, inter nautas, ut singuli binos acciperent & probe nobis sapuerunt.

2. Iunij. II. Iunij matutino tempore serenum fuit caelum, Nortzephyro spirante, & nos sex versus mare profecti, ad observandum, quo postsimum vel lintrem & scapham commodius in aquam traduceremus, quia glacies ubique adeo illa mar & supra invicem protrusa, ut impossibile videretur lintrem per eam traducere: iudicavimus tamen & commodiorem & breviorem viam esse, recta à nave ad aquam apertam esse, licet prorsus inaequalis & montosa esset, & magno labore nobis esset complananda sed propter brevitatem, à nobis commodior est aestimata.

3. Iunij. III. Iunij, flante Zephyro, clarus Solis splendor fuit, & convalueramus aliquantulum à morbo, robustioresque eramus facti, sicut sedulo in reparandâ scaphâ laboravimus, ut sexto post die eam paratam haberemus. Sub vesperam, Zephyro vehementer flante aqua prorsus aperta fuit, unde magnam spem concepimus, nostram liberationem brevi successuram, ut semel ex molesto illo angulo discederemus.

4. Iunij. IIII. Iunij fuit amoenus, serenusque aër cum Solis splendore, nec valde frigidus: atque Sole fere in Nortapeliote [illegible] profecti fuimus ad nostrum lintrem qui in litore loco arcto & spumo marino obsito [illegible], eumque ad navem pertraximus minore labore & difficultate, quam cum ab opere desisteret nos operari. Occasionem autem eam esse iudicavimus, quod nix illic firmior & magis compressa esset, & fortasse [illegible] opus adgrederemur, animadvertentes aquam apertam esse, & quod speraremus nos illinc discessuros. Itaque tres apud lintrem sunt relicti, qui eum repararent, ut vero linter halecibus deferendis inserviebat, & puppem habebat acuminatam, eam aliquantulum resecarunt, & planam fecerunt, ut commodior esset ad navigationem in mari, aliquantulum etiam altiorem illum fabricarunt, & qua poterant commodiore forma reparanti. Reliqui nautae interea in aedibus omnia ad navigationem necessaria apparabant, & binas trahas annonâ & alia supellectile onustas ex aedibus ad navem pertraxerunt, quae quasi medio itinere erat inter aedes & apertam aquam, ut deinde breviore via ad aquam perducere possent, cum essemus discessuri. Omnis autem labor eo levior videbatur, quod speraremus ex ea deserta, silvestri, rigida molestaque regione nos discessuros.

5. Iunij. V. Iunij frigidus fuit aër, grandoque densa & nix Zephyro flante, qui mare aperiebat, propterea foris nihil agere poteramus sed in aedibus omnia apparavimus, vela, remos, malos, antennas, clavum, & quaecumque nobis erant necessaria.

6. Iunij. VI. Iunij mane commodus fuit aër Artapeliote flante, ideo cum fabris lignarijs ad navem profecti fuimus, ad lintrem absolvendum, atque interim ad navem pertraximus binas trahas onustas tum annonâ, tum mercibus, & alijs quae nobiscum assumenda putabamus. Postea secuta est magna tempestas ex Nortzephyro permixta nive, grandine, & pluvia, qualem multo tempore non senseramus, ut fabri opus desistere cogerentur, & nobiscum in aedes reverterentur, in quibus nec sicco quidem loco esse licuit, quia [illegible] sustuleramus ad reparandum lintrem & scapham & velum duntaxat praetextum erat. Nix praeterea vias replere [illegible] incipiebat, ut foras ex galerio confecti deserendi essemus, & calore demum [illegible].

7. Iunij. VII. Iunij, Artapeliote vehementer flante, glaciem denuo inflexam conspeximus sed Sole circa Nortapeliotem versante, lucidus fuit aër, & fabri rursus ad navem profecti ad lintrem absolvendum, nos vero Negotiatorum merces quas asseruare cupiebamus, meliores videlicet & maioris pretij componimus, easque teximus, ad praeservandum ab aquâ marina, quandoquidem eas in aperta scapha vehere debebamus.

VIII. Iunij sereno aëre, merces quas compegeramus & adparaveramus ad navem pertrahimus, fabri vero fabri lintrem conficiebant, ut sub vesperam penè absolveretur. Eodem die nos omnes scapham ad navem, per maximos apians ad scapulas funibus, quemadmodum in trahis fieri solet, & etiam manibus funibus inscrtis, ut ut scapulis & manibus trahentes, facilius traheremus, praeterea alacritas ad laborem vires majores sufficiebat, ut plus faceremus quam aliàs potuissemus, quia cùm alacritas, tum spes, nobis vires augebant. 8. Iunij.

IX. Amoenus etiam fuit aër variis flantibus ventis, eo die nostras [illegible] & reliquos lineos pannos, ut omnia parata essent, cùm vela facienda, fabri vero etiam occupati ad flatumina conficienda in scapha & lintre. 9. Iunij.

X. Iunij, quatuor trahas mercibus onustas in navem intulimus, varius fuit ventus & sub vesperam ad Aprodian conversus. In aedibus autem eramus occupati in omnium rerum apparatu. Vinum etiam quod restabat in parva dolia infudimus, ad dividendum in utramque scapham, tum quia interdum glacie concludi possemus (quod nobis eventurum sciebamus) tum ut facilius omnia in glacie exponere possemus, & inferre, prout nobis contingere posset. 10. Iunij.

XI. Iunij rigidus fuit aër, vehementer flante Circio, ut toto die nihil agere possimus, atque valde metuebamus, ut tempestate glacies navem cingens una cum nave abesperetur (quod contingere potuisset) cum nostra maxima iactura, quia omnis nostra annona & supellex in navi erat. Dei tamen providentia nihil cuiusmodi accidit. 11. Iunij.

Delineatio quomodo cum magno cum labore & difficultate viam per glaciem complanaverimus securibus, ligonibus, marris & aliis instrumentis, ad scapham & naviculam ad aquam pertrahendas, atque ut ursus ex mari in glaciem conscendens ferociter ad nos venerit, [illegible] nostris apprehendisset, nisi ab uno ex nostris sclopo vulneratus fugisset, & postea occisus fuisset.

XII. Iunij satis commodus fuit aër, ideoque omnes egressi sumus cum securibus, marris & aliis instrumentis necessariis ad complanandam viam, per quam lintres ad aquam pertraheremus, secundum glaciei tumulos, in quo opere graves labores fuerunt nobis tolerandi, secando, confringendo, fodiendo & palis eijciendo. Atque cùm maximè ferveret opus, ingens macilentus ursus è mari egressus ad nos venit, quem ex Tartaria advenisse opinabamur (quandoquidem ante observaveramus 20. aut 30. milliaribus in mari) cumque duplicibus sclopis destituti essemus, praeterquam eo quem noster Cheirurgus habebat, ego confestim ad navem properavi unum aut alterum duplicem sclopum allaturus. Vrsus properantem me conspiciens, celeriter me insequutus est, & fors- 12. Iunij.

tam assequutus esset, nisi nautæ id animadvertentes, relicto opere statim eum persequuti essent; ursus hoc videns, me relicto, se ad eos obvertit, & dum versus eos progreditur, duplici sclopo à Chirurgo vulneratus fugit; sed cum inæqualis esset glacies, & clara, non potuit ita fugere, quin nostri eum assequerentur, & sclopo trajicerent, atque adhuc vivo dentes excusserunt.

13. Junij. xiii. Iunij mane nos fuit, & Nauclerus cum nobis fabris ad navem profecti lintrem & scapham prorsus apparârunt, ut nihil deesset præterquam ad aquam pertraheremus. Ipsi autem conspicientes mare apertum, & secundum Zephyrum flantem, ipse ad ædes rediit, atque *Wilhelmo B. f.* (qui diu æger erat) indicavit sibi consultum videri, & commodum tempus sese nunc offerre ut inde discederent, statuitque tunc communiter fuit inter nautas, ut lintrem & scapham ad aquam pertraherent, & in Dei nomine discessum pararent ex *Nova Zembla*. *Wilhelmus Bernardi f.* ante schedam scripserat & in duplicis sclopi mensura conclusam in camino suspenderat, in qua narratio erat, ut ex Hollandia eo venerimus ad vela facienda versus Sinarum Regnum, & quid nobis eo loco acciderit, & nostras adversitates, ut si forte quis post nos eo appelleret, intelligeret, ut nobis omnia successissent, & necessitate coactos domum illam fabricasse, in quâ decem menses habitavimus. Ut præterea cum binis lintribus apertis oporteret nos mari committere, & admirabilem navigationem suscipere periculosam admodum. Nauclerus etiam binas epistolas exaravit, quibus maxima pars nostrûm subscripsit, quemadmodum nos illic in continente multo tempore cum summâ molestiâ & incommoditate hæsimus, sperantes navem à glacie expeditam iri, & cum illâ denuo inde discessuros: sed quia illud non contingebat, nave manente firmiter à glacie constrictâ, tempus vero elabi, & alimenta deficere, necessitate coactos ad conservandam nostram vitam, navem deserere nos oportere, & cum lintribus [illegible] fugere, committentes nos Dei voluntati. Istarum epistolarum exempla in singulis lintribus fuerunt posita, ut si forte tempestate aliquâ disjungerentur, aut alio aliquo infortunio perirent, in uno tamen servato lintre, inveniretur, qualis fuisset noster discessus. His omnibus transactis, scapham in aquam pertrahentes, hominem in eâ reliquimus, deinde lintrem, præterea pene 11 trahas onustas cum annonâ & vino quæ nobis restabant, tum Negotiatorum mercibus, summam diligentiam adhibentes, ut quantum possemus salva præstaremus videlicet 6 fasces nobilioris panni lanei, cistam panno lineo plenam, duos fasces holosericis panni, binas capsulas in qua pecunia, duo dolia semis plena, & nautarum supellectile, uti interulis & alijs. 13 dolia pane plena, dolium caseo plenum, dimidium suem, duo doliola olei, sex vini, bina aceti, & promiscuam nautarum supellectilem atque vestes, & alia pleraque, quæ in cumulum conjecta, nemo sibi persuadere potuisset, in lintres recipi posse. His omnibus in lintres comportatis, profecti domum, *Wilhelmum B. f.* supra traham ad aquam ubi lintres erant perduximus, deinde *Nicolaum Andreæ f.* utrumque ægrum; atque in hunc modum in lintres foras ingressi divisim in singulos lintres unum ægrum recipientes. Tum Nauclerus utrumque lintrem conjungi jussit, & subsignandam dedit nobis utramque epistolam quam exaraverat, ut ante dictum est, cujus exemplar hoc est.

Quemadmodum nos in hodiernum usque diem expectavimus, sperantes navem à glacie liberatum iri, nunc autem nulla aut modica est spes id fieri posse, quia firmiter ab ea cincta est, quandoquidem sub Martij finem aut Aprilis initium glacies fuerunt alia supra aliam propulsæ, ut rationem nullam viderimus quomodo scapham & lintrem ad aquam pertrahere potuerimus, & ubi commodum locum invenerimus. Atque ut penè impossibile videtur ut navis à glacie libera fiat, propterea ego cum VVillelmo B. F. supremo navis Gubernatore, & alijs aliquot officio præditis, cæterisque rem consultandam proposuimus, ad nos, cum aliquot mercibus Mercatorum conservandas, nec commodiorem rationem inter potuimus quam nostram scapham & lintrem reparare, & omnia nobis necessaria quantum fieri possit comparare, ut parati, ubi commodum tempus quod Deus nobis concedere posset, negligamus quin commodiore tempore uti debeamus, alioqui frigore & necessitate periremus, quod adhuc verendum est ne contingat, quandoquidem tertia aut quarta nostrûm sunt, atque primores, à quibus nullum auxilium expectare possumus, adeo frigore & incommoditate sunt exhausti, ut ne sermonem quidem cum eis habeamus; atque verendum est quod non commodius se habebunt, tum propter longum iter quod nobis conficiendum est, tum quod panis non sit suppetiturus finem Augusti, & facile posse evenire, si nobis sinistri aliquid in navigatione succedat, ut non ad tempus ad nullam regionem appellere possimus, in quâ aliquid comparare queamus, licet ab hoc hora omnia teneremus; propterea consultum nobis videtur diutius non esse expectandum, quia [illegible] nos decet nostram conservationem procurare. Hæc in eundem modum conclusa, & à nobis omnibus subsignata primo Iunij 1597. Cum igitur hodierno die parati simus, & Zephyrum commode flantem nacti, atque mare apertum, nos in Dei nomine composuimus ad discessum (quia navis adhuc firmiter glacie conclusa & supra hæret), & licet in nostro apparatu multos vehementes ventos ex Zephyro, Apartia, & Archæorphyro habuerimus, nihilominus nullam mutationem in meliorem statum animadvertentes, eam tandem deseruimus. Datum 13 Junij 1597. & subsignavimus

Iacobus Heemskerck. *Magister Hannes Vos.* *Petrus Cornelij f.*
Wilhelmus Bernardi f. *Leonardus Henrici f.* *Ianus Reyneri f.*
Petrus Petri f. Vos. *Laurentius Willelmi f.* *Iacobus Iani f. Sterrenburch.*
Gerardus de Veer. *Iacobus Iani f. Schiedam.*

[illegible]

Delineatio & descriptio ut literator ... [illegible] ... & alia, tum Willet. B. F. & Nicol. And. & ... [illegible] ... Dei commendantes maris ... [illegible] ... magno ... desiderio, Dei gratias agentes ... [illegible] ... regione illa frigida ... subducere potuit.

Deinde, nos Dei misericordiæ commendantes, Coro flante, & mari commodè aperto, ad vela facienda nos comparavimus.

XIIII. Iunij mane, Sole in Apeliote existente, à *Nova Zembla* & densa illa glacie, Deo auspice, solvimus cum scapha & lintre, Zephyro flante, & ad Caeciam cursum dirigentes, eo die navigavimus usque ad Insularum angulum per 5. milliaria: sed nostræ navigationis initium non admodum bene cessit, quia denuo in densam glaciem incidimus quæ istic adhuc inhærebat, unde nobis exortus non exiguus metus. Istic harenus nostrorum quatuor in continentem profecti sumus, ad situm explorandum, & quatuor aves retulimus lapidibus à nobis ex scopulis deiectas. 14. Iunij.

XV. Aliquantulum cesserat glacies, itaque flante Austro vela fecimus prætergressi Promontorij angulum, & Vlissingense promontorium partem maxima ex parte ad Arctapeliotem, deinde ad Aparctiam, atque ad Promontorium desiderij, per 13. circiter milliaria, ubi hæsimus usque ad 16. 15. Iunij.

XVI. Denuo vela fecimus, & pervenimus ad Orangiæ insulas flante Austro, à Promontorio Desiderij VIII. milliaribus distans: istic in continentem profecti cum binis doliolis, & cacabo, ad nivem liquandam & in doliola infundendam, tum etiam ad aves & ova quærenda pro ægris. Eo pervenientes, ignem struximus ex lignis istic repertis, & nivem liquavimus, aves autem nullas reperimus: tres autem nautæ in alteram insulam profecti per glaciem, tres aves ceperunt, atque in reditu Nauclerus (qui unus ex tribus erat) in glaciem incidit magno cum vitæ periculo, quia istic magnus fluctus erat, sed Dei auxilio liberatus, ad nos pervenit, ubi vestes deficcavit ad ignem quem struxeramus, ad quem etiam aves coximus, quas in lintres tulimus & aquis dedimus repletis binis nostris doliolis circiter 4. congiorum capacibus. Ad lintres cum pervenissemus, vela denuo fecimus Notapeliote flante, & humido turbido aëre, ita ut omnino maderemus, quia nostri lintres nō erant tecti sed aperti, & cursum direximus versus Zephyrum & Hyperboream donec ante Glaciei angulum perveniremus. Vtroque lintre circa eum angulum coniuncto, nauclerus *Wilhelmum B. F.* compellans, interrogavit qui valeret, rectè, inquit, spero me cursum peractum, ante quàm ad *Waerhuys* perveniamus. & conversus ad me, Gerarde, ait, sumus ne circa Glaciei angu- 16. Iunij.

lum

lum? sublevâ me, semel adhuc eum angulum conspicere volo, tum ab Orangiæ insulis usque ad Glaciei angulum circiter quinque milliaria confeceramus, ventoque ad Zephyrum converso, lintres ad glaciei fragmentum firmavimus, atque aliquantulũ cibi sumpsimus, aer verò magis ac magis humidus fiebat & nubidus, ita ut denuo glacie cingeremur, & istic hærere oporteret.

17. Iunij. XVII. Mane sumpto nonnihil cibo, glacies adeo in nos impellebatur, ut horrorem nobis incuteret, ut lintrem & scapham regere non possemus, & cogitaremus postremam nostram navigationem futuram, nam adeo vehementer abripiebamur cum profluente glacie, atque ita comprimebamur ab eius fragmento, ut linter & scapha in innumeras partes rumpi viderentur, quamobrem nos miserabiliter invicem intuentes, animum despondebamus quia singulis momentis mortem ob oculos versari videbamus. Tandem in tali perplexitate & periculo, propositum est, si rudentem aut funem in firma glacie conjicere possemus, illius adminiculo lintres in ipsam protracturos, ut cũ ratione à glaciei fragmentis fluitantibus liberi essemus: consilium quidem probum, sed cum maximo vitæ periculo coniunctum: atque ni id fieret, manifeste apparebat, de nostra omnium vita actum esse. Nemo tamen id tentare audebat, metuens ut absorberetur, licet necessitas urgeret faciendum id esse, & minus periculum cedere deberet majori, trepidantibus igitur nobis in extremo isto periculo, ego, ut omnium levissimus provinciam in me recepi rudentem ad firmam glaciem perferre: itaque perreptans ex uno glaciei fluitantis fragmento in aliud, Dei auxilio perveni ad firmam glaciem, & ad altum tumulum funem alligavi. Illius tum adminiculo qui in lintribus erant, eos ad firmam glaciem attraxerunt, unusquisque vir plus ea ratione præstare poterat quã antea omnes simul coniuncti. Ad firmam glaciem appellentes, festinanter ægros supra illam transtulimus, substratis prius stragulis & alijs rebus, quibus incumberent, deinde totam suppellectilem exposuimus, lintresque cum scapha in glaciem pertraximus: hac ratione tunc à magno periculo liberati, è mortis faucibus ereptos nos duximus, & verum quidem illud erat.

Ut compressi sunt fragmentis glaciei fluitantium, parũ lintres confracti fuerunt, atque cum magno periculo [illegible] ad firmam glaciem perlatum est, quo lintres ad eam pertraxerunt, & ægros cum omni supellectile exposuerunt, postea lintres denuo concinnarunt magno cum labore & periculo: quo loco Willelmus B. f. & Nicolaus Andreæ ipsius famulus, postridie una eademque hora exspirarunt.

 XVII. Iunij

XVIII. Iunij nostros lintres denuo reparavimus, quia valde afflicti erant à glaciei fragmentorum impulsu, & omnes afferum connexiones stipare oportuit & varijs asserculis pice illitis munire, ad quam rem Dominus Deus ligna providit ut pice in liquare possemus, & omnia aequare ac perpolire. Deinde nostrûm aliqui versus continentem profecti sunt ad quaerenda ova, ab aegris valde expetita, sed nulla reperire potuerunt, quatuor tamen aves retulerunt: cum vitae periculo captas, inter glaciem & continentem, nam interdum sub pedibus glacies [illegible] 18. Iunij

XIX. Solis commodus fuit aer flante Arctozephyro, & à meridie Africo, mansimus tamen in glacie conclusi, nec videbamus ullam maris aperturam, singulis momentis arbitrati nos illinc nunquam liberatum iri, nihilominus consolabamur nos denuo, Deum nos saepe praeter expectationem juvisse & liberasse, & eius brachium non esse abbreviatum, eum pro benignâ suâ voluntate nobis adhuc posse auxiliari, quâ spe animum mutuo nobis addebamus. 19. Iunij

xx. Iunij Zephyro flante, satis commodus fuit aer, & cùm Solem in Norapeliote [illegible] Nicolaus Andreae graviter aegrotare, ut animadverteremus ipsum non diu superstitem futurum, nam Gubernator **us in** nostrum scapham ingressus nobis narravit [illegible] Nicolaus Andreae esset, & apparere eum non diu victurum, tum *Willelmus Bernardi f.* ait, videtur etiam [illegible] superstes futurum, nos tamen animum [illegible] *Willelmi* morbum adeo gravem esse, quia mihi [illegible] & legebat in Diario quod conscripseram de nostrâ navigatione, & varia habueramus colloquia, tandem seposito diario conversus ad me, Gerarde, inquit, da mihi quod bibam, simul atque bibisset, tanta [illegible] ut oculis subito moreretur, [illegible] temporis intercedere, ut Nauclerum ex alio lintre [illegible] priusquam exstinguerctur, sic & prius moreretur quam *Nicolaus Andreae*, qui brevi ipsum [illegible]. Haec *Willelmi Bernardi f.* mors non mediocrem attulit nobis moerorem: nam ipse primarius erat Gubernator, cui nos confidebamus: sed Dei voluntati resistere nequimus, cui nos acquiescere aequum fuit. 20. Iunij

XXI. Iunij cepit glacies denuo diffluere, & Deus quandam maris aperturam Austro Africo flante nobis [illegible], Sole autem circa Arctozephyrum existente venius à Norapeliote flare cepit satis vehementer, eamque ob causam, nos apparare cepimus ad inde discedendum. 21. Iunij.

XXII. Mane Norapeliote satis vehementer flante, mare utcunque fuit apertum: sed lintres supra glaciem pertrahere nos oportuit magno cum labore & difficultate: nam primum lintres, cum rebus quae inerant, supra glaciei fragmentum pene 50. gressus longum pertrahendi fuerunt, & in aquam [illegible]; deinde supra aliam glaciem trahendi, & iterum pene trecentos gressus per ipsam [illegible] antequam ad rectam aquam pervenire-mus in qua vela facere possemus. Ad quam cùm pervenissemus Dei misericordiae confidentes, dedimus vela, Sole circa Caeciam existente, mediocriter flantibus Austro & Euronoto, cursum tenentes versus Zephyrum & Hyperboream, donec Sol esset in Austro. Tum denuo à glacie fuimus [illegible], quam superare non potuimus, sed in ea haerendum nobis, paulo post tamen glacies sponte separata est, instar Clausarum quae aperiuntur, per quas transivimus secundum terram navigantes, sed illico glacie denuo conclusi fuimus, & sperantes aperturam aliquam futuram, interea cibum sumpsimus, quia glacies non effluebat ut prius. Deinde omnibus viribus incubuimus ad glaciem propellendam, sed irrito conatu: tamen aliquanto post tempore, sponte facta est quaedam apertura, ut per eam transiremus & secundum terrae crepidinem vela fecimus versus Hyperboream, Austro flante. 22. Iunij.

XXIII. Iunij prosequuti sumus nostram navigationem versus Hyperboream donec Sol esset in Norapeliote, & pervenimus ad Promontorium Consolationis distans à Glaciei angulo 25. milliaribus, nec longius progredi potuimus, quia illic glacies adeo densa supra in vicem propulsa erat, tametsi serenus esset aer. Illo ipso die, Solis altitudinem Astrolabio & Astronomico annulo dimensi sumus, quam comperimus 37 graduum esse, cuius declinationem vero 23 graduum 31 scrupulorum, quâ deductâ de altitudine, restant gradus 13 & scrupuli 30 in de 90. ademptis, manet. Poli altitudo 76 graduum, 30 scrupulorum. Atque licet Sol valde splenderet, eius tamen calor tantus non fuit, ut nivem colliquare posset ut aquam haberemus ad potandum, eam ob causam, stanneas patinas, fides, & alia varia aenea vasa quae habebamus nive implevimus, quibus Soli expositis, ab eius radijs liquaretur nix ad aquam comparandam, & licet nivem in ora sumeremus ad extinguendam sitim, non multum tamen conferebat, sed sitis premebamur. 23. Iunij.

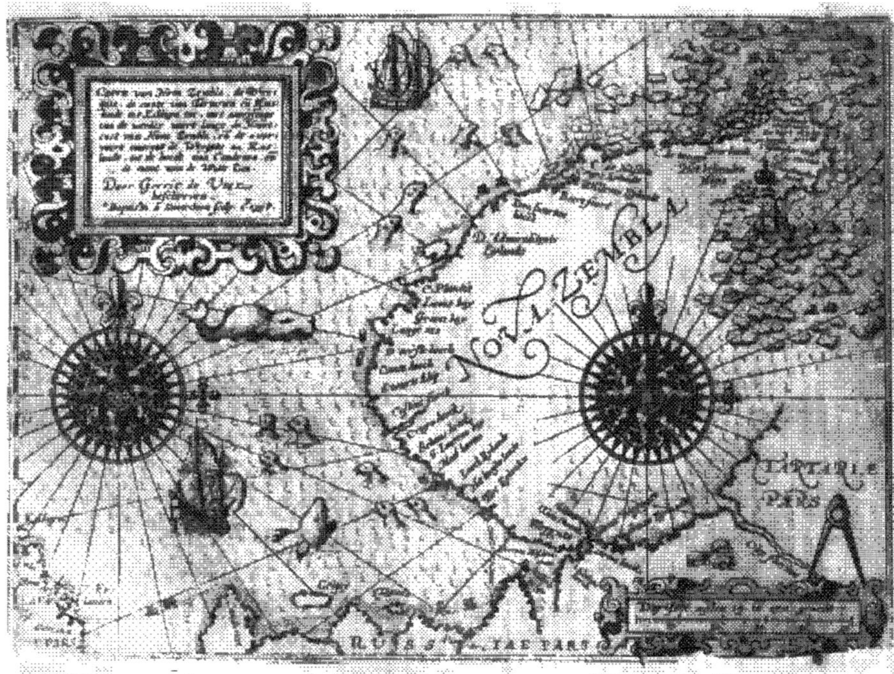
NOVA ZEMBLA
TARTARIE PARS

Descriptio cursus quem tenuimus ab aedibus in quibus hiemem traduximus secundum Septentrionale latus Novae Zemblae, usque ad Weygatz Fretum, quod superavimus versus Russiae oram, tum recta ultra Sinum Albi Maris, usque ad urbem Colam, ut demonstrat ea Topographica sequente tabula.

A Domicilij loco ad AEstus Sinum, cursus est ad Apeliotem & Zephyrum, —— per 4. milliaria.
Ab AEstus Sinu usque ad Glaciei portum, cursus est ad Mesocoecium —— per 3. milliaria.
A Glaciei portu usque ad Insulae angulum, cursus est ad Caecium —— per 5. milliaria.
Ab Insulae angulo usque ad Vlissingense Promontorium, cursus est ad Hypercaecium —— per 2. milliaria.
A Vlissingensi Promontorio usque ad Promontorij angulum, cursus est ad Arctapeliotem —— per 4. milliaria.
A Promontorij angulo usque ad Angulum Desiderij, cursus est ad Austrũ & Aparctiam —— per 8. milliaria.
Ab Angulo Desiderij usque ad Orangiae insulas, cursus est versus Arctozephyrum —— per 8. milliaria.
Ab Orangiae insulis usque ad Glaciei angulum, cursus est versus Zephyrum, & Hyperlybem —— per 5. milliaria.
A Glaciei angulo usque ad Promontorium Consolationis, cursus est versus Zephyrum, & Hyperlybem —— —— —— per 25. milliaria.
A Consolationis Promontorio usque ad Promontorium Nassoviense, cursus est versus Mesargestem —— —— —— per 10. milliaria.
A Promontorio Nassoviensi usque ad Orientalem cuneum Crucis Insulae, cursus est versus Mesargestem —— —— —— —— —— per 8. milliaria.
Ab Orientali cuneo Crucis Insulae usque ad VVilhelmi Insulam, cursus est versus Hyperlybem per 3. milliaria.
A VVilhelmi Insula usque ad Nigrum angulum, cursus est versus Africum —— per 6. milliaria.
A Nigro angulo usque ad Orientalẽ cuneum Insulae Admiralitatis, cursus est versus Africum per 7. milliaria.
Ab Orientali cuneo Insulae Admiralitatis usque ad eiusdem Insulae Occidentalem cuneum, cursus est versus Africum —— —— —— per 5. milliaria.
Ab Occidentali angulo Insulae Admiralitatis usque ad Promontorium Plancij, cursus est versus Mesolybonotum —— —— —— per 10. milliaria.
A Promontorio Plancij usque ad Lombay Sinum, cursus est versus Africum —— per 8. milliaria.
A Lombay Sinu usque ad Ordinum angulum, cursus est versus Africum —— per 10. milliaria.
Ab Ordinum Angulo usque ad Promontorium Pricis, sive Langenes, cursus est versus Hyperlybonotum —— —— —— per 14. milliaria.
A Langenes usque ad Promontorium de Cant, cursus est versus Hyperlybonotum —— per 6. milliaria.
A Promontorio de Cant, sive Cants angulo usque ad angulum in quo niger scopulus, cursus est ad Mesolybonotum —— —— per 4. milliaria.
Ab Angulo in quo niger scopulus usque ad Insulam nigram, cursus est ad Euronotum —— per 3. milliaria.
A Nigra Insula usque ad Costinsarck, cursus est ad Orientem & Occidentem —— per 2. milliaria.
A Costinsarck usque ad Crucis angulum, cursus est versus Euronotum —— per 5. milliaria.
A Crucis angulo usque ad S. Laurentij Sinum, cursus est versus Notapeliotem —— per 6. milliaria.
A S. Laurentij Sinu usque ad Farinae portum, cursus est versus Euronotum —— per 6. milliaria.
A Farinae portu usque ad geminas Insulas, cursus est versus Euronotum —— per 16. milliaria.
A Geminis Insulis, unde nos vela fecimus versus oram Russiae, usque ad Matfloo & Delgoy, cursus est ad Notozephyrum —— —— per 30. milliaria.
A Matfloo & Delgoy usque ad Sinum in quo navigantes Quadrantis orbem circumivimus, & denuo in eundem locum sumus delati —— —— per 22. milliaria.
Ab eo Sinu ad Colgoy, cursus est versus Corum —— per 18. milliaria.
A Colgoy usque ad Orientalem angulum Candenas, cursus est versus Corum —— per 20. milliaria.
A Candenas usque ad Occidentale latus Maris albi, cursus est versus Corum —— per 40. milliaria.
Ab Occidentali latere Maris albi usque ad Septem Insulas, cursus est versus Arctozephyrum per 24. milliaria.
A Septem Insulis usque ad Occidentalem angulum Kildyn, cursus est versus Arctozephyrum per 30. milliaria.
A Kildyn usque ad eum locum in quo Ioannes Cornelij f. nos convenit, cursus est versus Hypargestem —— —— —— —— per 7. milliaria.
Ab eo loco ubi Ioannes Cornelij f. nos convenit usque ad Colam, cursus est maximã ex parte versus Austrum —— —— —— —— per 18. milliaria.

Nos igitur cum lintre & scapha non tectis sed apertis iter confecimus, cùm inter glaciem, tum supra glaciem trahendo, & in mari velificando —— —— 381. milliaria.

XXIIII. Iunij circiter Solem Orientem remigavimus hinc & inde per glaciem, ad observandum quà potissimum transire possemus: sed nullam aperturam conspeximus, circa tamen meridiem perrupimus in mare, cuius rei causâ magnas Deo gratias egimus, quod praeter spem egressum nobis concessisset, & Apeliote flante vela 24. Iunij.

fecimus cum magno progressu, sic ut conjecturam faceremus Promontorium Nassoviense nos superaturos, impediti tamen fuimus à glacie in quam incidimus, ut retardati nobis fuerit ad Orientale latus Promontorij Nassoviensis, ad ipsam continentis crepidinem, ut facile ipsum Promontorium conspicere possemus, quod à nobis abesse conjectamus circiter tribus milliaribus flante Austro & Austroafrico. Illic nostri ûm sex in continentem egressi, ligna quaedam repererunt, atque in lintres attulerunt singuli quantum ferre potuerunt, nullae tamen aves, nulla ova inventa, sed è lignis ignem struentes, aquam pulrem coxerunt (quam nos *Matsamorri* appellavimus) ut aliquid calidi in stomachum ingereremus: Auster tamen valde vehementer flabat.

25. Iunij. XXV. Iunij Auster etiam vehementer flavit, cùmque glacies cui inhaerebamus, non esset admodum firma, magnopere verebamur, ne eâ abruptâ in mare abriperemur, & sane circa Solis occasum, ejusdem glaciei fragmento abrupto, stationem mutare debuimus, & ad aliud glaciei fragmentum nos firmare.

26. Iunij. XXVI. Iunij, magna adhuc tẽpestas ab Austro exorta, quae glaciem cui inhaerebamus in multas partes abrupit, sic ut in mare propelleremur, neque ad firmam glaciem pertingere possemus denuo, atque in summo periculo versaremur prorsus pereundi. In mari fluitantes, etiamsi omnibus viribus incubuimus, sed ad continentem appellere nequibamus, propterea dolonem nostrum explicare oportuit, & vela facere, sed malus, cui dolon appensus, bis fractus est, sicque pejus nobiscum agebatur quàm antea. & licet ventus secundus vehementer flaret, coacti tamen fuimus Acatium deducere: ventus autem adeo vehementer in illud flabat, ut nisi summa celeritate deductum fuisset, haud dubie undis absorpti fuissemus, aut lintre aqua repleto subsidissemus: aqua enim incipiebat in lintrem ingredi, & procul in mari eramus, quod supra modum commovebatur erat, atque nihil nisi praesens mors nostris oculis obversabatur. Sed Deus qui nos ex tam multis periculis saepe nos liberaverat, denuo, nobis adfuit, & nobis inopinanter Austrozephyrum excitavit, qui nos (licet cum magno periculo) iterum ad firmam glaciem depulit. Ex eo porrò periculo liberati, & ignorantes ubi nostri socij haesissent, per milliare unum secundum firmam glaciem vela fecimus, sed illos non reperientes, aliquid sinistri augurabamur, metuentes ut submersi essent, interea densae nebulae oborta. Sic vela facientes secundum terram, nec socios reperientes, duplicem sclopum explosimus, ipsi exaudientes, duplicis sclopi explosione respondebant, nihilominus nos mutuo videre non poteramus, interea viciniores facti, & nebulâ paulisper discussâ, nos atque ipsi explosâ denuo sclopis fumum exhalantem conspeximus, & tandem convenimus, eosque inter fluentia glaciei fragmenta & firmam glaciem haerentes vidimus. Proximi ipsis facti, per glaciem ad eos ivimus, atque ipsis auxiliati fumus in efferendis supra glaciem quae in lintre habebant, ipsoque lintre supra glaciem trahendo, & cum magno labore & difficultate denuo in apertam maris aquam pertraximus. Dum ita in glacie obsessi detineremur, ligna in littore continentis acquisiverunt, è quibus igne excitato, cum conjuncti essemus, pultem ex pane & aqua coximus, ut aliquid in ventriculum injiceremus, eaque nobis valde grati saporis fuit.

27. Iunij. XXVII. Secundo Apeliote flante vela facientes, Promontorium Nassoviense superavimus circiter uno milliari ad occidentale latus ejusdem Promontorij, ubi denuo adversum ventum nacti sumus, ut vela legere oportuerit, & remis lintres impellere. Interea dum secundum firmam glaciem & continẽtem navigamus, invenimus supra glaciem jacentem magnã copiam Rotmarorum, ut tantam nunquam viderimus, neque numerus supputari potuerit, cum ingenti numero avium, in quas explosis simul duobus sclopis, duodecim ex ijsdem nacti sumus, quas lintribus intulimus. Nobis in hunc modum remigantibus suborius est nebulosus aër, quapropter denuo in fluitantẽ glaciem incidimus, ut necesse fuerit nos ad firmam glaciem redire, & illi inhaerere, donec discussae essent nebulae, ventus autem, qui nobis adversus, à Coro flabat.

28. Iunij. XXVIII. Iunij circiter Solis ortũ, omnia quae in lintribus habebamus supra firmam glaciem exposuimus, in quã postea ipsos etiam lintres pertraximus (quia ab omni latere adeo à glacie cõprimebamur, & ventus à mari flabat) metuentes ne ita circumsepti essemus, ut nullus postea pateret exitus. Ex velis supra glaciem tentorium fiximus, sub quo aliquantulum quieti nos dedimus uni negocio dato, ut excubias ageret. Sole circa Apeliotam versante, tres ursi recta ad nostros lintres venerunt, quibus à vigile conspectis, subito exclamavit, tres Ursi, tres Ursi, quo exaudito ex tentorijs exilijmus cũ nostris duplicibus sclopis grandine plumbea oneratis ad aves petendas, quas cũ ociùs nõ suppeteret aliter eos onerãdi explosimus, atque tametsi graviter illos offendere non possemus, nihilominus longe recesserunt, & spatium nobis dederant satis longum, ad sclopos denuo onerandos, sic ut 1. ex 3. mactaremus. Alij, hoc conspecto, diffugerunt, sed circiter binas post horas denuo redierũt: sed vicini facti & strepitu nostro exaudito, fugerũt, Zephyrus & Mesargestes flabant, sic ut glacies vehemẽter versus Orientẽ propelleretur.

29. Iunij. XXIX. Iunij circiter Solem in Africo existentem, bini, qui fugerant, ursi redierunt ad locum in quo ursus mactatus jacebat, atque illorũ alter ore corripiens mactatum, protraxit per inaequalem glaciem satis procul, & vorare eum cepit. Nos id conspicientes duplicem sclopum in eos explodimus: sed illi, audito sonitu, relicto cadavere, fugerunt. Nos autem quatuor postea eò profecti, reperimus ursum tam brevi spatio medio ex parte adesum, & quod reliquum erat pertrahentes in glaciei tumulum, ut videre possemus è nostris lintribus an essent redituri, & in eos explodere possemus, admirati sumus ingentes ursi vires, qui integrum cadaver adeo facile tam procul pertraxisset, quandoquidem nos quatuor dimidium cadaver tam difficulter pertrahere potueramus. Zephyrus autem flans, vehementer adhuc glaciem versus Orientem propellebat.

Delineatio

Delineatio, ut magna necessitate scaphas a glacie coacti quas aquis iis [illegible] habebamus supra glaciem exposuerimus, & lintres etiam in eam pertraxerimus, supra quam vela expandimus, ad nonnihil quiescendum, nos consolandum qui ex [illegible]. Deinde ut ursi a [illegible] nos adivenerunt, quorum unus occisus reliqui fugerunt, sed postridie redeuntes, unum occisum longo spatio pertraxerunt, & unus partem voraverunt, & [illegible] fugati.

xxx. Iunij mane, Sole circa Mesembriam existente, glacies à Zephyro perinde vehementer versus Apeliotem impellebatur, atque duo ursi supra glaciei fluentis fragmentum versus nos ferebantur, qui se componere videbatur, hac & illac currentes, tamquam impetum in nos facturi in aquam insiliendo, sed non fecerunt, quam ob rem nos arbitrati sumus eosdem ursos esse qui ante illac fuerant: nam circiter Solem in Euronoto versantem, aliqui adhuc ursus per firmam glaciem in qua eramus, recta ad nos tendebat, sed vicinior nobis factus, & strepitum exaudiens, abijt. Africus flabat, & glaciem aliquantulum dissipabat, sed quia nebulosus erat aër, & ventus vehemens, aquæ nos committere non ausi fuimus, sed meliorem occasionem expectandam duximus. 30. Iunij.

IVLIVS, 1597.

Prima Iulij commodo satis aëre & flante Coro, mane circa Solis exortum Ursus à fluitante glacie adveniens adnatavit ad firmam glaciem in qua consistebamus, sed nobis exaudiens propius non accedens fugit. Sole autem in Notapeliote existente, glacies tanto impetu in glaciem, in qua nos cum lintrib. & iis quæ exposueramus, delata est, ut ea in multas partes frangeretur, quæ supra invicem protrudebantur, unde non in parva moestitia versati sumus, quia bonorum maxima pars in aquam decidit: omnem tamen diligentiam adhibuimus, ut scapham supra glaciem magis versus continentem pertraheremus, ubi nos magis securos à glaciei fluentis compressione futuros censebamus: cum autem rediremus ad ea quæ in glacie reliqueramus transferenda, pene in maiore difficultatem, quam unquam experti essemus, incidimus, quia cum unam falcem tollere volebamus, alter in glaciem rursus cadebat, imo sub nostris pedibus sæpenumero glacies rumpebatur, adeo ut omnis consilij expertes essemus, & pene animum desponderemus, nullum prospicientes exitum. Labor igitur iste, moestitiam superabat: scapham enim attrahere conantibus, glacies sub pedibus frangebatur, & cum lintre & reliquis cum fluente glacie deferebamur, & bona salvare volentibus glacies frangebatur sub pedibus, cum lintre confractus est, perfectum est, parte quæ reparata erat, malus & scamnum mali: in lintre etiam iacebat æger & cistula cum pecunia, quam cum magno vitæ 1. Iulij.

 discrimine

discrimine adhuc extulimus, quia glacies cui insistebamus diffluxit & sub alia glacie propulsa est, unde parum abfuit, ut crura & brachia frangerentur. Itaque existimantes de lintre prorsus actum esse miserabiliter, nos invicem spectabamus, ignari quid ageremus, quia nostra vita ex eo dependebat. Deo tamen favente glacies segregari cœpit: propterea huc mox celeriter ad lintrem profecti fuimus, atque cum qualis erat supra firmam glaciem apud scapham pertraximus, ubi melius contineri poterat.

Perduravit iste difficilis & tædiosus labor a **Sole existente in Austro,** donec perveniret ad **Africum sine intermissione**, quo valde defatigati fuimus, sed nostra res agebatur, magisque horrendum erat, quam **dum** ***W[illegible] B. F.*** moreretur, & fere submergeretur. **Amisimus eo** die aqua abiecta bina panis dolia, cistulam **panno lineo** plenam, dolium plenum armis, nautarum optima quæque, cum annulo Astronomico, fasceni punis **coco infecti**, vasculum olei, & aliquos caseos atque vasculum **vini,** cuius fundo **à glacie pertuso, omne vinum effluxerat.**

11. Iulij. 11. Iulij **circa** Solis ortum, denuo ad **nos accessit Vrsus, qui nostro** strepitu audito, profugit. **Sole** autem **circa** Africum **versante,** amœnus externus **est aer, quare statim** lintrem reparare cœpimus cum asseribus quibus alvi **tabulata** construxeramus. Cum igitur nos sex in **lintre** reparando essemus occupati, alij **sex** magis versus **continentem** sunt profecti, tum lignorum quærendorum causa, tum ut lapides quosdam afferrent, supra glaciem ponendos ad ignem in illis struendum, & picem liquandam ad lintrem inducendum necessariam, simul etiam ut observarent an aliquod lignum reperirent malo faciendo idoneum propter nostrum lintrem, quod repererunt cum nonnullis foris, atque ea omnia attulerunt ad locum in quo linter reparabatur. Reduces autem nobis significarunt istic se signa quædam casa invenisse, & repererunt etiam cuneos quibus ligna finduntur, ex quo apparebat homines istic fuisse. Properabamus autem quantum poteramus ad ignem struendum & picem liquandam, & reliqua peragenda quæ erant necessaria ad lintrem reparandum, sic ut illum paulum circa Solem existentem in Hyperborea haberemus. Coximus etiam aves quas sclopis occideramus, & eas edimus.

Delineatio ut a glacie compressi adeo fuerimus, ut in maximo periculo versaremur, nam linter in partes confracta fuit, atque multa amisimus, volentes enim aliquid recipere, alteram [illegible] [illegible] [illegible] pedibus sæpius frangebatur, deinde [illegible] [illegible] [illegible] impellebamur contra firmam glaciem, ut ea fragmenta dissilirent cum summo periculo ne nobis crura frangerentur, antequam [illegible] [illegible].

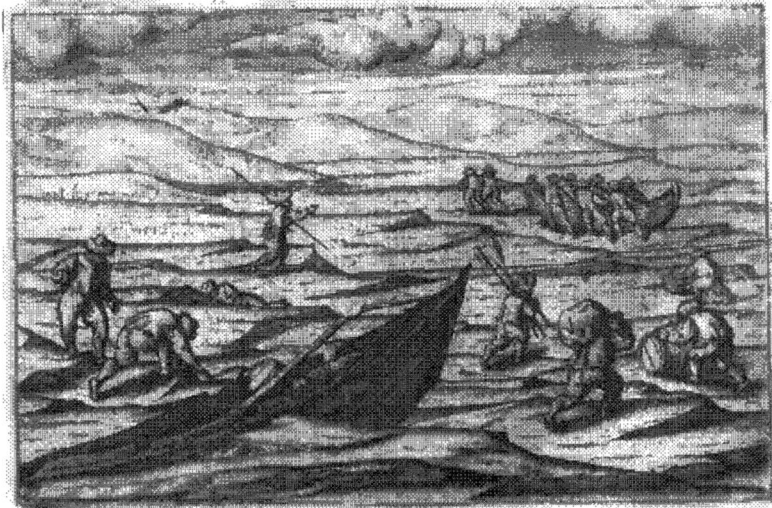

III. Iulij, mane circa Solis ortum, bini nostri nautæ versus aquam sunt profecti, ubi binos nostros remos de- 3. Iulij.
nuo repererunt, cum ansâ gubernaculi, fasce panni coccineo colore tincti, cistula lintei panni, & casside è dolio a-
morum, ex quo intelleximus vas confractum fuisse. Illi sumentes quæ ferre poterant ad nos redierunt & nunci-
arunt, multa bona illic adhuc esse. Tum Nauclerus cum quinque ex nostris eò profecti, omnia tulerunt supra
firmam glaciem, ut discessuri in lintrem inferremus: cistulam autem & panni fascem propter gravitatem (aqua
enim plena erant) adferre non potuerunt, sed coacti sunt relinquere illic, donec essemus discessuri, ut aqua interea exstillaret, deinde afferri, ut postea contegi. Sole in Notozephyro existente, denuo ad nos venit Vrsus, & qui
excubias agebat, cum eum non animadverteret, prope ab illo fuisset correptus, ni è nautis unus, è lintre ursum
conspiciens, ad vigilem exclamasset, sibi ab urso caveret, qui clamore exaudito profugit, interea globus ursi globo, fugit, flante Circia.

IIII. Iulij serenus & amœnus fuit dies, ut toto tempore quo in *Nova Zembla* hæsimus, amœniorem non ha- 4. Iulij.
buerimus, Zephyro & Africo flantibus, propterea Holosericum quod aquâ marinâ maduerat, in aquâ è nive col-
liquatâ eluimus, deinde resiccatum denuo in fascem colligavimus.

V. Amœnus etiam fuit dies, Africo flante, quo die obijt *Iohannes Francisci f.* Harlemensis, *Nicolai Andreæ* qui eo- 5. Iulij.
dem cum *Willelmo B. f.* die extinctus fuerat) consobrinus, obijt autem circa Solem in Circio versantem: glacies
porrò denuo versus nos vehementer influebat, sex autem nautæ in continentem profecti, ligna ad struendum
ignem attulerunt, ad cibum coquendum.

VI. Iulij nebulosus fuit aër, sed circa vesperam Notapeliote flante, cœpit cœlum nitescere, quo aliquantulum 6. Iulij.
refecti sumus, nihilominus in firmâ glacie hæsimus.

VII. Iulij, amœnus fuit aër, admixtâ tamen tenui pluviâ, flante Africo, sub vesperam autem Mesargeste profe- 7. Iulij.
cti versus aquam apertam IIII. aves occidimus fluitanti glaciei fragmento insidentes, quæ in firmam glaciem
attulimus.

VIII. Iulij humidus & nebulosus fuit aër: tum ex avibus occisis coctis opiparum convivium habuimus. Sub 8. Iulij.
vesperam Anarctapeliotes flare cœpit, qui nobis spem præbuit illinc discedendi.

IX. Mane cœpit glacies diffluere, ut circa crepidinem terræ aquam apertam haberemus, firma item glacies cui 9. Iulij.
insidebamus fluitare cœpit, eam ob causam Nauclerus profectus ad cistulam, & panni fascem in glacie relicta tol-
lenda, & in lintrem inferenda, atque lintrem in aquam pertraximus per distantiam 340. passuum, quod nobis valde difficile fuit propter immensum laborem, & nostram imbecillitatem, vela autem fecimus circa Solem in Euronoto consistentem, flante Apeliote: sed circa Solis occasum denuo versus continentem cursum convertere oportuit, & ad firmam glaciem, quia nondum illic diffluxerat, flante Austro à terræ crepidine, qui tamen spem præbuit glaciem propulsum iri, & cursum inter nos prosequuturos.

X. Iulij, valde laboravimus à Sole existente in Circia, donec pervenisset ad Apeliotem, ad penetrandum per gla- 10. Iulij.
ciem, quâ perruptâ remis incubuimus donec iterum inter duo magna glaciei æquora perveniremus, quæ inter
se coniuncta nobis exitum præcluserunt, ut oporteret scapham & lintrem in glaciem pertrahere, exemptis prius
quæ in eis vehebantur, deinde usque ad aquam in altero latere apertam trahere per distantiam centum passuum,
& bona deinde eò perferre, quod valde difficile nobis fuit, sed necesse erat, & persuadere nobis ipsis debebamus,
nos defatigatos non esse. Cùm in aquam pervenissemus, summis viribus lintres remis impulimus, atque nō multo
post denuo inter duo magna glaciei fluentis æquora pervenientes, quæ brevi coniungenda erant, Dei auxilio, & fe-
dulâ nostrâ remigatione pervasimus ante quam concurrerent. Superatâ eâ glacie nacti sumus vehementem Zephyrum planè nobis adversum, sic ut totis viribus versus firmam glaciem, quæ coniuncta erat contiguis litoribus
fuerimus remis impellendi, ad quam cum magno periculo pervenimus. Eo appellentes, cogitabamus aliquid longius progredi, secundum glaciem remigantes, versus insulam à nobis conspectam, sed vento nobis adverso, fieri
non potuit, eam ob causam, lintres cum iis rebus quæ inerant, iterum supra glaciem pertrahendi fuerunt, & expectandus exitus quem Deus nobis concedere vellet, animo tamen deficiebamus, quod toties in glaciem incidebamus, metuentes, ut per diuturnos & frequentes istos labores, qui nobis subeundi erant, prorsus viribus destitu-
eremur, & sic inutiles redderemur.

XI. Iulij mane, nobis in glacie hærentibus circa Solem in Anarctapeliote existentem, ingens pinguisque ursus 11. Iulij.
ex aquâ emergens ad nos accurrebat, Sed nos eū tribus duplicibus sclopis in ipsum directis expectavimus, atque
cum ad 30. passus à nobis abesset, sclopis simul explosis interfectus concidit, eius pinguedine è vulneribus affluente, & olei instar supra aquam natante. Vrsum igitur sic fluitantē, conscenso glaciei fluctuantis fragmento, assequuti
sumus, & restem in eius collum iniicientes, in glaciem pertraximus, & dentibus eius excussis, admirati sumus eius
crassitudinem quæ fuit 8. pedum, flabat autem Zephyrus, & obscurus erat aër. Circa Meridiem cœpit clarescere cœlum, & tres nautæ nostri profecti sunt ad insulam nobis adversam, ad quam pervenientes conspexerunt Crucis
insulam versus Zephyrum ipsis oppositam, & communicato inter se consilio, eò profecti sunt ad observandum
an Russi aliqui eò usque illic fuissent, secundum firmam glaciem quæ media intercedebat. Eo pervenientes animadvertere non potuerunt quenquam illic post nos fuisse, sed autem repererunt circiter 70. Bernicularum ova,
quæ ignorabant qua ratione ferre possent, tandem unus eorum braccis exutis, & infimâ parte colligatis, ova
impofuerunt,

impo[illegible]erunt, ea deinde è [illegible] pendentes bini auferunt, tertius duplicem sclopum, atque ita redierunt post quam 12. horis abfuissent, sic ut cognoscere nequiremus quid illis obtigisset. Nobis porro referebant, se glaciem ro[illegible], in aquâ per glaciem iter fecisse, inter utramque Insulam, atque eundo & redeundo pene sex milliaria confecisse, itaque mirabamur eos id tentare ausos, cum omnes adeo imbecilles essemus. Ex ovis relatis ogyuatam convivium habuimus, sic ut interdum in nostris difficultatibus & doloribus hilaria faceremus. Eo tempore divisimus inter nos quod reliquum erat vinum, ut singulis circiter congius unus [illegible] cederet.

21. Iulij. XXI. Iulij mane circa Solis exortum, cœpit Apeliotes, deinde Caecias flare, & nebulosus esse aër: sub vesperam autem, sex ex nostris lapillos quæsitum ivêrunt, & nonnullos invenerunt, sed non meliores nota, atque in tectum singuli signorum fasciculum attulerunt.

23. Iulij. XXII. Sereno cælo nostrûm septem versus continentem profecti sumus, ad lapillos denuo quærendos, quorum aliquot invenimus, Notapeliote flante.

24. Iulij. XXIII. Iulij serenum etiam fuit cælum, flante suaviter Austro, ut glacies à terræ cuspidine cedere inciperet, unde spem concipiebamus mare apertum iri, sed quia ventus denuo ad Zephyrum conversus, glacies hæsit. Circa Solem in Notozephyro existentem, nostrûm tres in proximam insulam nobis adversam profecti sunt, in qua anatem feram sclopo peremerunt, & redeuntes in communem usum dederunt, quia nostra omnia erant communia.

25. Iulij. XXV. Iulij nebuloso aëre & flante mane Notapeliote, sub Solis occasum pluere cœpit, vento in Zephyrum & Africum mutato.

26. Iulij. XXVI. Iulij ex continente ursus ad nos advenit, quem propius accedere sinentes (quia cum instar nivis albus esset, initio discernere nequibamus an ursus esset) sed ex motu illum agnovimus, vulnerum nobis factum, sclopo explodendo [illegible], sed illico fugit. Mane Zephyrus flavit, deinde Caecias turbato aëre.

27. Iulij. XXVII. Circiter Solem in Euronoto existentem, nostrûm quinque iverunt in proximam insulam versus ad observandum, an ulla esset aqua aperta, tædere enim nos incipiebat diutius eo loco morari, nullum exitum cernentes unde dilabere possemus. Verum pene medium confecerant iter, repererunt ursum pone glaciei fragmentum jacentem qui pridie à nobis vulneratus fuerat, qui nobis conspectis in fugam se dedit, sed unus è nostris eum insequutus cum harpagone, stimulabat, ut ursus se convertens & in posteriores pedes se [illegible], atque cum ille denuo eum stimularet, ferrum harpagonis confregit, tanta vi, ut qui stimulabat evertetetur. Alij hoc conspicientes sclopum explosêrunt in ursum, qui propterea fugit, qui autem fuerat eversus, nihilominus insequebatur eum harpagone contracto, quo eum stimulabat, ursus vero se convertens ter in eum irruit, interea duo alij denuo advenerunt, & ursum globo iterum trajecerunt, ut super mare fodiendo [illegible], & ut progredi posset, sed cum iterum explosio sclopo trajectus esset, concidit, cui deinde dentes excusserunt. Toto illo die flavit Arctapeliotes & Caecias.

28. Iulij. XXVIII. Iulij, circa Solis exortum, tres nostrûm iverunt in extremam continentis locum, ad observandum an mare aliqua ex parte apertum esset: illi quidem multam apertam aquam videntes, sed non procul à terra, & à firma glacie, ut partem animi deliquium pene pateremur, dum cogitarent, nobis impossibile futurum, ut per illam distantiam lintres & quæ inerant pertraherent, quia nostræ vires in dies magis ac magis minuebantur, & molestia laboris crescebat. Redeuntes ad lintres, nobis hæc narrarunt: nos vero ex necessitate animum sumentes, cohortati sumus invicem, ut lintres & bona ad aquam traheremus, deinde remigio tenderemus ad eam glaciem quæ erat superanda, ut ad apertum mare perveniremus. Ad glaciem appellentes, lintres exoneravimus, deinde supra glaciem pertraximus separatim usque ad aquam, deinde bona per mille fere passus, quæ res nobis adeo gravis & molesta fuit, ut pene in ipso opere arbitraremur nos defecturos: sed quandoquidem eos difficultates superaveramus, spem concipiebamus etiam istam nos superaturos, optantes eam postremam esse. pervenimus igitur magna cum molestia & difficultate, ad aquam apertam circa Solem in Notozephyro existentem: tum vela fecimus donec Sol esset in Hyperlybe, & denuo in glaciem incidimus, super quam mollendi lintres fuerunt. Ibi ex consistentes, Crucis Insulam conspicere potuimus, quam conjectura duo milliaria à nobis abesse censebamus. Flavit eo die Apeliotes & Arctapeliotes.

29. Iulij. XIX. Iulij, Nobis sic in glacie hærentibus, nostrûm septem circa Solis exortum ad Crucis Insulam ivimus, unde versus Zephyrum plurimam aquam apertam conspeximus, quâ re valde gaudentes, cum celeritate ad lintres redijmus, legentes nihilominus cochleas & ova quæ repererunt. Redeuntes narrarunt tam late apertam aquam conspexisse, quam oculorum acies ferre posset, sperantes mare postremum futurum, quod lintres supra glaciem essent trahendæ, neque amplius ullam inventuros, forti igitur essemus animo. Ova reperta coximus & inter nos divisimus, atque illico comparavimus nos, circiter Solem in Austroafrico existentem, ad omnia expedienda quæ lintres & scaphas in aquâ pertraheremus, inter pene per 270. passus essent vehenda, quod magno animo fecimus, sperantes postremum laborem futurum. Deinde cum benigno Dei auxilio vela fecimus flantib. Apeliote & Caecia, valde secundis, ut circa Solis occasum Crucis Insulam superaremus & Promontorio Nassoviensi 10. milliaribus distaremus. Deinde paullo post rursus nos glacies, ut nullam progressus videremus, nisi aliquantulum in mari, quæ nullum impedimentum nobis attulit, sed proveximus litus nostrum cursum versus Lybonotum, perpetuo flante Apeliote & Caecia, sic ut cursum facerentur, quæ singulis ex horis 18. milliaria conficeret, quæ se non modo[illegible]

modo

diuoti latitiâ, perfundebamur. Deo gratias agētes, quòd nos à tantis difficultatibus, quibus succumbere cogitabamus, jam liberasset, & confidentes eum porrò nobis benignum auxilium præbiturum.

Vt fratres ad Orientale latus Crucis insulæ à fractâ glacie in aquam perveniunt. Deinde vela facimus prospero cursu & flatu occidentali ... versus Africum, superantes Admiralitatis Insulam, Langsnes Sinum, & Promontorium Planitij per 60. ferè milliaria, ante quam ex glacie incideramus, quam nos amplius non reperturos arbitrabamur.

xx. Iulij, continuato secundo cursu, circa Solem in Notapeliote existentem, pervenimus ante Nigrum angulū, distātē à Crucis Insula 12. milliaribus, ad Africum tendētes, & circa Solis occasum Admiralitatis insula fuit à nobis conspecta, quam superavimus circa Solem in Apeliota stantem, distantem à Nigro Angulo 8. milliaribus. Secundum eam vela facientes, circiter 200 Rosmaros in glaciei fragmento jacentes vidimus quos, juxta navigando, abegimus, sed nostro penè damno: nā quemadmodū monstra marina sunt valde robusta, ad nos magno impetu adnatarunt (quasi ultionem sumere volentes de turbata à nobis ipsorum quiete) & naves circumsederunt magno fremitu, quasi nos voraturi essent, sed tamen evasimus, ventum habentes secundum: nihilominus non prudenter fecerämus, canem, ut aiunt, dormire volentem excitando. 20. Iulij.

xxi. Prætervecti Promontorium Planitij circiter Solem in Caurū versantem, distantem ab Admiralitatis Insulâ versus Africum 8. milliaribus, & Aritapeliote nobis valde secundo, navigavimus circa Solem in Notozephyro stantem ante Langenes, distantem à prædicto Promontorio Planitij 9. milliaribus, ubi continens maximâ ex parte porrigitur versus Notozephyrum. 21. Iulij.

xxii. Iulij continuato prospero cursu, pervenientes circa Promontorium de Cant, egressi sumus in continentem, ad quærendas aves & ova, sed nihil reperientes, cursum prosequuti sumus, sed deinde circa meridiem, vidimus scopulum avibus obsessum, ad quem directis cymbis, ivimus, & lapidibus jactis 22. aves nacti sumus atque 13. ova, ab uno ex nostris è scopulo petita: atque si paullo diutius istic hærere voluissemus, centum aut 200. aves capere potuissemus; sed quia Nauclerus à nobis in interiore mari aberat, & nos expectabat, ne prosperum illum 22. Iulij.

 ventum

ventum negligeremus, nostram navigationem prosequuti sumus secundum continentem. Et circa Solem in Nortzephyro versantem, denuo ad angulum quendam venimus, in quo pene 125. aves cepimus suis nidis incubantes, vel manu, vel coniectis lapidibus, ut in aquam ex alto deciderent: unde colligere est eas nunquam homines conspexisse, neque quenquam conatum esse illas capere (alioqui avolare potuissent) & sibi nocuisse nisi à vulpibus & alijs silvestribus animalibus, quae in praecelsos & praecipites illos scopulos conscendere nequibant, propterea suos nidos istic extruxisse, & securas fuisse, nemine in eo ascendimus & certe non in parvo periculo fuimus crura & brachia confringendi, praesertim in descensu, ob scopuli praecipitium. Habebant porrò istic aves unicum singulae ovum in nudo scopulo positum, nullo aggesto stramine, aut alia re quapiam, quod admirandum est, eas potuisse in tali frigore excludere ova: sed tamen verisimile est unicum duntaxat ovum ponere, ut calor, quem incubantes praebent, validior & efficacior sit in uno ovo, ad quod totus penetrat, quam si divisus esset in plura simul ova. Invenimus istic multa etiam ova, sed maximâ ex parte putrida. Illinc solventes, ventum nacti sumus prorsus adversum, & tempestuosum ab Arctozephyro, atque etiam multam glaciem quam superare conati sumus, sed irrito conatu. Tandem cursum hac & illac obliquando, incidimus in glaciem, in qua stantes, versus continentem multam apertam aquam vidimus, ad quam cursum convertimus. Nauclerus (qui cum suo lintre magis in mare penetraverat) in mediâ glacie nos esse conspiciens, existimavit malè nobiscum agi, propterea extra glaciem hac & illac cursum dirigebat, sed tandem animadvertens nos vela facere, persuasit sibi nos apertam conspicere, ad quam cursum dirigebamus (ut verum erat) convertit se ad nos, & ad continentem apud nos venit, ibique commodum portum invenimus, ab omnibus pene ventis tutum: continentem verò attigit binis post nos horis. Tum simul in continentem descendimus, ubi aliquot ova reperimus, ligna que collegimus ad ignem struendum, quo coximus aves à nobis captas. Arctozephyrus autem flabat caelum turbans.

23. Iulij. XXIII. Iulij obscurum & nebulosum fuit caelum, flante Aparctia, ut in eo portu fuerit nobis haerendum, interea quidam ex nostris nautis in continentem sunt profecti ad avium ova & lapillos investigandum, sed parum invenerunt, probaeos autem lapillos nonnullos.

24. Iulij. XXIIII. Serenus fuit aër flante adhuc Aparctia, eam ob causam istic adhuc nobis fuit haerendum. Meridie Solis altitudinem dimensi Astrolabio, comperimus esse super Horizontem 37. graduum 20. scrupulorum, declinationem vero 20. graduum 10. scrupulorum, quibus demptis de inventa altitudine, restant 17. gradus 10 scrupuli: eos si detrahas de 90. gradibus habebis Poli altitudinem 73 graduum 10. scrupulorum. Vt autem nobis istic erat haerendum, saepiuscule è nostris nonnulli investigarunt illam lapillos, quos invenerunt, tam probae notae ac unquam reperissemus.

25. Iulij. XXV. Iulij obscurum & nebulosum fuit caelum, Aparctia flante adeo vehementer, ut in littore nobis fuerit haerendum.

26. Iulij. XXVI. Iulij, caepit aër purgari, & serenus fieri, qualem aliquot diebus non habueramus, perseverante Aparctia. Solvimus inde circa meridiem: sed cum amplus esset Sinus, penè per quatuor milliaria versus mare nobis fuerunt facienda vela, ante quam cornu Sinus superare possemus, quia magna ex parte adversus erat ventus, sic ut media nox esset ante quam illud superaremus, cum velis, tum remis. Eo superato, deduximus vela, & secundum terrae crepidinem remis incubuimus.

27. Iulij. XXVII. Iulij tranquillo & sereno caelo, integrum diem per glaciei fragmenta secundum continentem remigavimus, Arctozephyro flante, & sub noctem circa Solis occasum pervenimus ad locum in quo vehemens erat maris aestus: proinde nos circa Costinsarck esse arbitrabamur, quoniam magnum Sinum etiam videbamus, itaque coniecturam faciebamus desinere in Tartaricum mare, cursus autem noster erat versus Nortzephyrum potissimum. Circa Solem in Aparctia existentem, superavimus Crucis angulum, & vela fecimus inter Continentem & Insulam quandam, cursumque direximus versus Euronotum, Arctozephyro flante, ita ut secundo vento ferremur. Nauclerus autem cum lintre longe nos praecedebat, sed ad Insulae cuneum perveniens, nos expectavit. Eo pervenientes aliquanto tempore apud scopulum haesimus, sperantes nos aliquas aves capturos, sed nullae captae. Vela ita feceramus à Promontorio de Cant super Costinsarck usque ad Crucis angulum per 20. milliaria, versus Euronotum, flante Arctozephyro.

Vt post longam & difficilem circumvectionem pervenimus ad binas naves Russicas, in quibus homines fuerunt qui nos agnoverunt, quod praecedente anno in nostra navi fuerant in freto Weygats, atque ut miseris nos miserabiliter intuentes non possimus cum eis colloqui, Nihilominus Russi, valde amicè nos exceperunt, & nostri misereri sunt, quo re utrinque gaudio fuimus affecti, Deo gratias agentes, nos denuo ad homines pervenisse, quos 13. mensium spatio non conspexeramus.

XXVIII Iulij, sereno caelo & flante Aphapeliote, secundum littus vela facientes, Sole in Notozephyro existente, pervenimus ante S. Laurentij Sinum, sive Propugnaculi angulum, & cursum tenuimus versus Euronotum per 6. milliaria. Eo pervenientes, invenimus pone angulum binas Russicas naves, quo ex aliquantulum exhilarati fuimus, tandem nos pervenisse ad ea loca in quibus homines reperiebantur, contra verò dubitabamus, quod tanto numero essent, conspiciebamus enim eorum bene 30. ignorabamusque silvestres ne, an feri essent. Magno autem cum labore ad continentem pervenimus, ipsi autem relicto opere ad nos venerunt inermes, nos contra progressi sumus quotquot per morbum poteramus, plerique enim valde stomacace laborabant. Vicini facti, reverenter invicem salutavimus, ipsi suo more, nos, nostro deinde mutuo miserabilem in modum intuentes, nam nonnulli nos agnoverunt, & nos ipsos, atque eosdem esse qui praecedente anno, dum fretum *Weygats* superavimus, in nostra navi fuerunt, quapropter facile animadvertere poteramus illos attonitos & dubios de nobis esse, quandoquidem cum nos reperissent tam magnam & magnificam atque ab omni re probè instructam navem habentes, ut admirarentur, nunc verò adeo in misero statu, & in lintribus apertis advenientes. Ex eorum numero bini Nauclerum & me amicè super humeros feriebant, tanquam nos adhuc agnoscentes ex superiore congressu (nullus enim praeter eum & me eius temporis in *Weygats* fuerat) & percontati sunt de nostra *Crable* (nostra navi videlicet) quod ubi factum esset nos quam commodè potuimus (carebamus enim interprete) significavimus nostram navem in glacie reliquisse, tum illi, *Crable pro pal?* quod interpretabantur, Amisistis ne navem? respondimus, *Crable pro pal ho*, Navem amisimus: sed multa verba commutare nequivimus, quia invicem non intelligebamus: sed omnibus indicijs significarunt, se nobis condolere & nostri misereri, quod illic ante fuissemus cum tali navium apparatu, & nunc in tam misero statu essemus: atque indicabant se cum in nostra nave vinum

28. Iulij.

Vt denuo ad homines venerimus, quos 13. mensium spatio non conspexeramus.

 bibisse,

habuisse, interrogantes quæ nostra nunc esset portio: itaque unus è nautis ad lintrem excurrens, aquam depromsit, & gustandam exhibuit. illi, concusso capite, dixerunt, *no dobbre*, hoc est, non est bonum. Tum noster Nauclerus propius accedens, os apertum illis ostendebat, ad significandum nos fame valde laborare, an nossent aliquod remedium: illi existimantes nos fame premi, unus illorum ad navem excurrens secalinum orbicularem panem attulit circiter 8. libras pendentem, cum aliquot resiccatis avibus, quæ nos grato animo accepimus, & dedimus illis contra sex biscoctos panes. Noster Nauclerus illorū binos primarios ad suum lintrem deduxit, & illis semel propinavit de vino quod illi restabat, circiter ad dimidium congium. Interea dum apud illos moram trahimus, cū ipsis familiariter versari sumus, Profecti sumus ad eorum stationē, & ad ipsorū ignem aliquot biscoctos panes in aquā coximus ad aliquid calidi in ventriculū injiciendum. Lætabamur magnopere illorū conversatione, quia 13. mensium spatio (post quam à *Ioan Cornelij* f. discesseramus) nullum unquam hominem conspexeramus, sed feroces & voraces ursos duntaxat, adeo ut nunc hilari animo essemus, nos tamdiu vixisse, quod hominibus essemus redditi, invicem dicentes, omnia nunc salva erant, quandoquidem ad homines perveneramus, Deo ingentes gratias agentes, pro suā misericordiā, & quod nobis usque in eum horam vitam concessisset.

29. Iulij. XXIX. Iulij satis commodus fuit aër, atque mane cœperunt Russi sese comparare ad vela faciendi, eruentes ex spatio litorali arenæ permisto, aliquot pinguedinis piscium dolia, quæ reconditerant, & ea in suas naves inferentes. Nos ignorantes quorsum tenderent, observavimus versus *Wygate* eos vela facere, itaque nos etiam vela facientes, eos sequuti sumus. Cum verò illi nos præcederent, neque illos sequeremur littus legentes, exorta est nebula, quæ nobis illorum conspectum ademit, atque ignoravimus an versus continentem navigarent in Sinum aliquem se recipientes, an verò ulterius progressi sint: nos nihilominus cursum prosequuti sumus versus Euronotum, flante Arctozephyro, tam etiam versus Notapeliotem inter binas Insulas, donec iterum glacie obsideremur, nec ullum exitum videremus: quapropter arbitrabamur nos circa *Wygate* debere esse, & Arctozephyrum glaciem in eum Sinum propulisse. In hunc modum à glacie obsessi, nec ullo transitu apparente, magno cum labore & difficultate regressi sumus usque ad binas prædictas Insulas: ad quas pervenientes circa Solem in Arctapeliote versantem, nostros lintres ad unam Insulam firmavimus, quia ventus magis ac magis insurgebat.

30. Iulij. XXX. Iulij, nobis Insulæ sic inhærentibus, atque Arctozephyro perinde vehementer flante, magnisque imbribus cadentibus, & perturbato aëre, etiam sub velis supra nostros lintres expansis tuti esse à madore non potuimus, quod nobis insolens erat: nam multo tempore nullam pluviam habueramus, eo tamen die istic permanendum fuit.

31. Iulij. XXXI. Iulij mane circiter Solem in Arctapeliote flantem, remigravimus ab ea Insula ad aliam, in qua binæ erāt cruces, cuius rei causā existimavimus aliquos homines illic fuisse mercium causā, ut alij Russi supra, sed neminē reperimus. Arctapeliotes adhuc flabat, quapropter glacies perinde vehementer versus *Wygate* propellebatur. Illic in continentem descendimus, Deo haud dubiè nos eo deducente, quia invenimus Cochleariam vulgo vocatam, quæ nobis valde fuit utilis, quum nostrûm multi essent ægri, imo pleríque ferè omnes scorbuto laborabant adeo ut vix diutius persistere possent, atque huius herbæ usu adeo evidenter & properè juvati sunt, ut ipsi miraremur, quam ob rem Deo magnas gratias egimus, qui nobis antea sæpius inopinanter auxilio fuerat. Nos illam abundanter manducabamus solam, quia eius facultates apud nos valde commendare audiveramus: eius tamen vires longè efficaciores nostrā opinione experiebamur.

AVGVSTVS. 1597.

1. August. Prima Augusti Arctozephyro vehementer flante, glacies quæ jam per multos dies in Sinum *Wygate* propulsa erat, subsistebat: sed tam ingentes erant fluctus decurrentes in nostros lintres ut deducere cogeremur ad aliud Insulæ latus, ut à mari undis magis essemus tuti. Illic denuò in continentem iviemus, ad Cochleariæ folia petenda, è quibus tantam utilitatem perceperamus, atque nostra sanitas magis confirmabatur, adeo properè, ut ipsi admiraremur, quia nonnulli stantes biscoctum panem manducare poterant, quod paullo ante præstare nō poterant.

2. August. II. Augusti circa Solem in Apeliote flantem, obscurus & nebulosus fuit aër, flante adhuc vehementer Arctozephyro, atque nostra annona valde minuebatur, nihil enim habebamus præter paululum panis cum aqua, & nonnulli paululum adhuc casei, sic ut valde tæderet diuturnæ illius moræ, & ab omni spe caderemus propter famis metum, quia nostræ vires imbecilliores indies reddebantur, & nihilominus graves labores nobis erant obeundi, quæ duo valde repugnantia erant, & plenior cibo nobis potius opus erat, ad restaurandas vires, quam inedia.

3. August. III. Augusti circa Solem in Apeliote existentem, commodiore aliquantum cœlo, constituimus à *Nova Zembla* transgredi versus Russiam, & Deo favente vela fecimus Arctozephyro flante, versus Austroafricum, donec Sol esset in Apeliote, atque denuò incidimus in glaciem, quæ non valde antea molesta, quia jam superasse arbitrabamur & vale dixeramus, non existimantes tam cito nobis denuo obfuturam. Inter glaciem sic versantes cum tranquillitate, ut vela non amplius nos juvarent, ea deduximus & remis incumbere cœpimus per glaciem

cum magno & molesto labore, atque eam circa Solem in Notozephyro stantem superavimus, pervenientes in latum mare, in quo nullam glaciem observavimus, peractis cum vela faciendo, tum remigando xx milliaribus. Eo modo vela facientes, arbitrabamur nos ad Russiæ littus propius accedere: sed circa Solem in Arctozephyro stantem, iterum in glaciem incidimus, tere valde frigido existente, quam ob caussam valde attoniti eramus, existimantes illius abundantia nos nunquam expeditum iri, ut autem nostra scapha lentius progrediebantur, neque externam glaciem superare poteramus, in eam nos dare coacti fuimus, videntes aliquam apertam superfluere, cum in eam ingressi essemus: ea autem erat difficultas, quia ratione possemus eam perrumpere, valde enim compressa erat, tandem commoditatem invenimus in eam perrumpendi, in qua sed paulo meliori loco nostræ res fuerant, & magno cum labore in aquam apertam pervenimus. Noster Nauclerus qui in lintre erat, & compendiosa vela habebat superavit glaciei extremum, & de nobis solicitus erat quod in glacie obsessi essemus: Dei tamen auxilio, nos eam celeriter eam penetravimus, atque ille circumnavigavit, & ea ratione iterum convenimus.

IIII. Augusti circa Solem in Notapeliote versantem ex glacie liberati, vela simul fecimus Arctozephyro flante, versus Austrum magnâ ex parte, & circiter Meridiem Russiæ littus procurrens vidimus, quâ re magnopere fuimus exhilarati. Proximiores facti, velis demissis, remis littus vegimus ad littus, quod valde planum esse deprehendimus, ut et loca quæ interdum à mari alluuntur: illic hæsimus donec Sol occideret, sed animadvertentes non esse commodam stationem, quemadmodum a *Novæ Zemblæ* angulo unde discesseramus, usque ad eum locum per 30. milliaria vela fecerimus, illinc, circiter Solem in Notozephyro existentem, nostrum cursum prosequuti fuimus secundum Continentem Russicum, satis secundo vento, & circa Solem in Apeliotа stantem, demum Russicam navem vidimus, ad quam tendimus ut qui in ea erant compellaremus. Illi nos advenientes conspicati, omnes supra navis tabulatum venerunt, nobis vero clamantibus *Candinas, Candinas*, ipsis significare cupientibus an apud *Candinas* essemus, responderunt *Pitzora, Pitzora*, quasi indicare vellent nos circa *Pitzora* versari, & quemadmodum proxime secundum littus navigabamus valde aridum, existimantes nos versus *Meszegefkam* navigare, ad fuit tandem cuncum *Candinas*, per quadrantem qui supra arcam, ferreis laminis cinctam erat, penè per binorum rhomborum discrimen aberravimus, cursu magis ad Austrum directo, quàm arbitrabamur, Imo etiam nimis ad Orientem: putabamus enim nos *Candinas* vicinos esse, & tamen penè aberamus triduana velificatione, ut postea comperimus. Nos autem animadvertentes ita aberrasse, illic hæsimus, diem expectantes. 4. Augusti.

V. Augusti illic hærentibus, nostrorum nautarum unus in Continentem ivit, atque observans gramen illic esse cum quibusdam fruticibus, nos evocavit, invitans ut cum sclopis adveniremus, illic enim reperiri ferinam, qua re valde lætati fuimus: nostra enim annona penè erat absumpta, neque quidquam supererat quam pauxillum panis mucidi, unde prorsus animum despondebamus, adeo ut quidam diceret deserendos esse lintres, atque in interiorem continentem esse eundum, alioqui nos fame perituros, nam in dies crescebat inopia, & fames gravis adeo erat, ut difficulter illam diutius ferre possemus. 5. August.

VI. Augusti, mitior fuit aer, itaque mutuo nos cohortati fuimus, quandoquidem ventus erat adversus, ut remis lintres impelleremus, ad egrediendum ex Sinu versus Vulturnum, unde ventus flabat. Remigatione autem facta per tria milliaria, ulterius progredi nequivimus, quia & ventus prorsus adversus nobis erat, & nos defatigati & valde imbecilles, atque continens magis ad Archapeliotem tendebat quàm augurabamur, quamobrem infœlicitates nos invicem lamentabamur quia iam quasi res desperata erat, quandoquidem pene prorsus absumpta erat annona. 6. August.

VII. Cœurus flans nobis utilis fuit ad egrediendum extra Sinum, & vela facientes versus Mesoceciam, donec è Sinu egrederemur & perveniremus ad eum Continentis angulum, in quo prius fueramus. Illic denuo constitimus quia Arctozephyrus prorsus nobis erat adversus, cuius rei caussâ nautarum animus plane deficiebat, non prospicientium qua ratione inde discedere possemus. Morbus, fames, & nulla apparens ratio qua discedere possemus, nos penitus consumebat, si misericors aliquod remedium afferre potuisset, retus austris, fuissent haud dubie meliore loco. 7. August.

VIII. Augusti nulla adhuc fuit melior temporis sors, sed ventus adversus, & satis procul ab invicem eramus sejuncti, cum singuli deligerent locum sibi commodiorem: præsertim in nostro lintre maior erat miseria, quia nonnulli inerant famelici valde, qui famem diutius tolerare nequibant, animo fere deficientes, & mortem exoptantes. 8. August.

IX. Augusti, semper manente in eodem statu, & vento prorsus contrario, coacti fuimus illic hærere, quia nullus egressus apparebat, atque tædium in dies augebatur. Tandem bini è lintre profecti sunt ad locum in quo Nauclerus erat, quod alii conspicientes, bini etiam in continentem iverunt, fere ad unius milliaris distantiam, atque viderunt rivum, ex quo aqua profluebat unde arbitrabantur flumen esse in quod Russi adveherentur inter *Candinas* & Russiæ continentem. Redeuntes, invenerunt phocam mortuam fœtidam, quam pertraxerunt usque ad lintrem existimantes se bonum facturos nobis esse quam manducarent, præ ingenti fame quæ illos premebat, sed nos dissuasimus, dicentes haud dubie ex cibo eo mortis periculum incursuros, sed potius abstinerent. Deum enim qui nos tam frequenter præter spem iuvisset, adhuc vivere, & sperare eum nos non penitus neglecturum, sed inopinato nobis adfuturum. 9. August.

10. Aug. X. Augusti eodem vento perseverante, cum nebula & obscuritate, illic adhuc herendum fuit: quo animo fuerimus, facile cuivis notum esse potest.

11. Aug. XI. Mane fuit aër commodus & tranquillus, & circa Solem in Arctapeliote persistente, Naucleras nobis qui moneret, ut nos ad iter accingeremus, iam tamen eramus parati & remigabamus versus ipsum. Vt vero valde imbecillis eram, nec diutius remis impellere poteram scapham, quae multo gravior erat linte, in lintrem receptus sum, & ad eius gubernaculum positus, succedente in meum locum alio validiore, ut simul porro navigaremus. Sic lintres impulsi fuerunt usque ad meridiem, tum commodum ventum nacti ab Austro, remos inhibuimus, & vela fecimus felici cursu, sub vesperum autem vehementer flante vento, vela deducere, & versus continentem remigare oportuit, & lintrem proxime litus promovere, unde ad fluentem aquam quaerendam profecti, nullam reperimus. Cum itaque longius progredi nequiremus, nostra vela tentorij instar apparavimus sub quo nos recepimus, decidebat enim ingens imber atque media nocte valde intonuit caelum, & fulguravit, cum maiore imbre, quae omnia nostros nautas valde angebant, cum viderent nullum finem fieri, sed omnia in peius vergere.

12. Aug. XII. Augusti, claro aëre, versus Orientem vidimus Russicam navem plenis velis delatam, qua re non mediocriter fuimus gavisi. Eam ex litore in quo cum linte herebamus conspicientes, cohortati fuimus Naucleram, ut ad ipsam navigaremus, ad eos qui illi vehebantur compellandos, & aliquid annonae comparandum propterea quam festinantes potuimus, lintrem in mare deduximus, & versus navem vela fecimus, eo venientes, Naucleras in illorum navem conscendit, & rogavit quam procul à Candinas abessemus, sed quandoquidem eorum sermonem non callebamus, quid responderent intelligere nequibamus, tametsi quinque digitos protenderent: postea tamen nobis persuasimus illos significare velle quinque cruces in ea esse sitas, proferentes etiam suam pyxidulam nauticam, in qua ostendebant, versus Arctozephyrum à nobis abesse, quod etiam nostra pyxidula demonstrabat, quam supputationem nos etiam feceramus. Vt verò nihil praeterea ex eorum colloquio comprehendere poteramus, Naucleras, indicato in ipsorum nave dolio in quo pisces habebant, & ostenso argenteo nummo 8. regalibus aestimato, signis percontatus est an vendere cuperent. Illi hoc intelligentes centum & binos pisces nobis dederunt, cum aliquot parvis libis è farina ex aqua cocta, dum pisces coquerent. His acceptis circiter meridiem ab eis discessimus, gaudentes nos aliquid annonae nactos esse: nam iam multo tempore nihil praeter quatuor panis uncias in singulos dies habueramus cum aqua, quibus vitam sustentabamus. Illi ipsi pisces fuerunt inter omnes aequaliter divisi sine discrimine, ut minimus tantundem acciperet atque maximus. Ab eis discedentes, flante Austro, & Mesonoto cursum prosequuti fuimus versus Mesargesten, & circa Solem existentem in Africo, ortum est denuo ingens tonitru cum imbre, sed breve admodum, quia paulo post rursus sequutus est commodus aër, iter hac ratione prosequentes vidimus Solem secundum communem pyxidiculam nostram in Hyperthraciā Occidentem.

13. Aug. XIII. Augusti iterum nacti fuimus adversum ventum Notozephyrum, cum nobis ad Mesargesten tendendum esset, propterea versus continentem denuo tendere oportuit. Illic haerentibus, bini nostri nautae in continentem profecti, ad explorandum eius situm, an cuneus Candinae illic in mare procurreret, quia existimabamus nos vicinos esse. Illi regressi, narrarunt se in continente domum vidisse, sed vacuam, praeterea se non aliud potuisse observare quàm Candinae esse cuneum, sive angulum, quem conspexeramus. Vnde animo recepto, in lintres regressi, illos remis impulimus secundum litus. Spes enim animum suggerebat ut plus praestaremus, quàm alias fecissemus, quia nostrae vitae conservatio inde pendebat. Secundum igitur continentem sic navigantes, denuo Russicam navem vidimus in litore stantem, confractam, qua praeterita, paulo post domum in litore conspeximus, ad quam nonnulli nostrum profecti, neminem repererunt, sed caldarium duntaxat. Ad lintrem redeuntes cochleariae folia retulerunt. Secundum cuneum porrò remigantes, nacti denuo fuimus commodam auram ab Apeliote, ut vela facientes, ulterius fuimus progressi. A meridie circa Solem in Notozephyro existentem, observavimus cuneum quem conspexeramus ad Austrum se convertere, propterea certò nobis persuadebamus Candinae angulum esse, à quo vela facientes, superare cogitabamus albi maris ostium, In hac sententia coniunximus lintres, atque invicem communicavimus candelas & quicquid communicare poteramus nobis necessarium futurum, & à continente solventes versus Russiam, album mare, ut arbitrabamur, superaturi. Nobis sic vento secundo vela facientibus, circa mediam noctem excitata est ex Aparctia magna tempestas, quae vela contrahere nos coëgit, subductis in velo binis funiculis, sed nostri socij qui meliora vela habebant ignorantes nos vela minuisse, prosequuti sunt suum iter, ita ut ab invicem segregaremur, nam etiam turbidum erat caelum.

Hic ab invicem abscesserunt.

14. Aug. XIIII. Augusti mane commodo satis aëre, flante Notozephyro, cursum direximus versus Corum, & cepit denuo caelum serenum esse, sic ut nostros socios adhuc conspicere possemus, & omnem sedulitatem adhibuimus, ad eos assequendos, sed nequivimus ob subortam nebulam, nihilominus dicebamus, prosequamur nostrum cursum, illos bene assequemur ad Septentrionale latus Albi maris. Tendebamus autem ad Corum, flante Mesolybe, & circa Solem in Notozephyro existente, ulterius progredi nequivimus, ob adversum ventum, ut deducenda nobis fuerint vela, & porrò remis incumbendum. Remigantibus sic usque ad Solis Occasum, commodus denuo exortus est ventus, ut denuo vela cepimus navigare, simul nihilominus remis lintrem impellendo, donec Sol esset in Circio, quo tempore Apeliote & Euro flantibus vehementius, inhibitis remis vela porro fecimus versus Corum.

XV. Vid-

XV. Vidimus Solem in Caecia exorientem, sicut videbatur nostra pyxidicula aliquantulum declinare, & circiter Solem in Apeliote existentem, tranquillitas est exorta; eam ob causam deducenda fuerunt vela, & remis incumbendum: non diu tamen perstitit tranquillitas, sed exorto vento ex Notapeliote, vela denuo facientes cursum dirigimus versus Hypercybem. Vento autem pausipero delatis, circa meridiem apparuit continens, adeoque iam nos ad Occidentale latus albi maris pervenisse superato *Candinas*, atque iuxta latus vehementer sex Russorum naves vidimus, ad quas tendentes compellavimus eos, interrogantes quam procul abessemus à *Kilduyn*, & licet nos probè non intelligerent, nobis tamen ita demonstrarunt, nos procul adhuc inde abesse, utpote existentes ad Orientale latus *Candinas*. Digitis ab invicem palmis significare volebant nobis, primum esse superandum Album mare, atque nostrum lintrem nimis parvum esse, magnum periculum nobis imminere, si eo lintre per illud navigare vellemus, & *Candinas* adhuc à nobis abesse versus Arctozephyrum. Interea petebamus ab illis panem, nobis autem unum dederunt, quem ita siccum rodentes remis incumbendo absumpsimus: non poteramus tamen illis assentiri, nos adhuc esse eo quem indicabant loco, quia nobis persuadebamus, Album mare nos iam superasse. Ab illis autem digressi, secundum terrae crepidinem remis littorem duximus, flante Apeliote. Circa Solem autem in Arctozephyro existentem, Notapeliotem secundum nacti, secundum continentis crepidinem vela fecimus, & vidimus ad dextram magnam Russicam navem, quam arbitrabamur ex Albo mari advenisse.

Vt apud hos Russorum naves venientes, ipsi de nostra caussa imprimentes, sed ea viderent nobis esse.

Vt ad Russicam navem venerimus, cum arbitraremur Album mare nos superasse, atque ut Russi nos docuerunt, Candinas nondum nos attigisse, in nos multa beneficia contulerunt, frumentum nobis vendentes, videlicet lardum, farinam, butyrum & mel, quibus valde recreati sumus, & gavisi cursum quem sequi deberemus nobis demonstratum esse, sed valde moesti nostros socios à nobis sejunctos esse, & in mari versari.

XVI. Augusti mane tendentes ad Arctozephyrum, conspeximus nos in Sinum quendam penetrasse, & cursum dirigentes ad Russicam navem, quam ad dextram conspexeramus, ad eam magna cum difficultate & labore pervenimus. Ad Russos venientes circa Solem in Notapeliote existentem, cum vento vehementer flante, interro- 16. Augusti

Vt denuo ad Russicam navem perveniamus quae nos in-[illegible] [illegible] [illegible] per amici.

Russi magnam benevolentiam [illegible] [illegible].

gavimus an vicini essemus *Novæ Zemblæ* & Cool sive *Kildwyn*: sed illi agitato capite, nobis significabant *Zemblæ* de *Candinas* esse, non adhibebamus tamen fidem, sed ab ijs petijmus aliquid cibi, illi nobis aliquot pastilles verno efficacos dederunt, pro quibus Nauclerus pecuniam numeravit: nos ab ijs discedentes vela fecimus ad superandum locum in quo consistebant, ut in mare procurreret, quod ipsi animadvertentes nos aberrare: & aestum jam magna ex parte recessisse, binos è suis ad nos in parva cymba miserunt cum magna parte panis quem nobis dederunt, & indicarunt ut ad eorum navem rediremus, se velle plura nobiscum colloqui & instruere. Nos gratiam referre volentes, nummum argenteum illis dedimus cum panno lineo: sed illis apud nos haerentibus, qui in navi erant, ostendebant lardum & butyrum, ad nos invitandos ut ad ipsos veniremus; ivimus ergo, & demonstrarunt nobis, adhuc nos esse ad Orientale latus *Candinas*, sed producta nostra Hydrographia, cum ipsis ostendimus, ex qua nobis demonstrarunt, ad Orientale latus Albi maris & *Candinam* adhuc nos esse: hoc intelligentes laeti eramus, nobis adeo longum iter adhuc esse conficiendum, & Album mare superandum, & maximè solliciti eramus de nostris socijs qui in scapha erant, praeterea quod nos (licet jam per xx. milliaria in mari navigassemus) longius progressi non essemus, & quod nunc demum Albi maris ostium nobis esset superandum cum tam parva annonae quantitate: propterea Nauclerus de Russis, tres farinae saccos, quinque carnis suillae quadrantes, vas fictile plenum Russico butyro, & doliolū plenum melle, in annonam pro nobis, & nostris socijs, cū ad eos veniremus, redemit. Cū interea aestus defluxisset, cū maris recessu vela facientes egressi sumus per eundem exitum, per quem ad nos venerat parva cymba, & ingressi mare, secundo Norapeliote, navigavimus versus Circium, observavimusque cuneum procurrentem quem credebamus esse *Candinas*, sed cursum prosequuti, observavimus continentem versus Arctozephyrum converti. Sub vesperam, Sole in Arctozephyro existente videntes nos remigatione non multū promovere, & Aestū magna ex parte recessisse, illic haesimus, coximusque pultem ex farinā & aquā, quae addito lardo pingui, & pauco melle, nobis optimi saporis visa est: sed valde maesti eramus nostrorum sociorum causā, qui ubi haererent, ignorabamus.

17. Aug. XVII. Ad anchoram fixi, summa aurora, vidimus Russicam navem ex Albo mari egredientem. Quā conspectā, remis ad eam contendimus, ut ab eis edoceremur: nobis ad eos venientibus, statim sponte panem obtulerunt, & ut poterant significabant, se cum nostris socijs colloquutos, & 7. homines in scapha fuisse, cumque difficulter id intelligere vel credere possemus, apertioribus indicijs significarunt, 7. digitis erectis, & demonstrantes nostrum lintrem, declarare volentes hujusmodi apertam naviculam fuisse, atque se illis panem, carnes, pisces, & alia vendidisse, Cum quae apud eorum navem haeremus, vidimus pyxidiculam nauticam, eam agnovimus nostri Navigationis moderatoris fuisse: quam etiam nobis ostenderunt. His probe intellectis, interrogavimus quamdudum id contigisset, atque ubi illos reperissent, significarunt pridie contigisse: breviter magnam benevolentiam nobis demonstrarunt, quapropter eis gratias agentes discessimus, laeti nostros socios ab ipsis annonam accepisse, de eis enim antea eramus solliciti, quandoquidem sciremus quam exigua illis esset, cum à nobis aberrarent. Remis igitur diligenter incubuimus, ad eos alloquendos, metuebamus enim ut parum annonae à Russis accepissent, & desiderabamus de nostris illis impartiri. Cum porrò magno cum labore toto die secundum terrae crepidinem remigassemus, circa mediam noctem, aquae dulcis fluvium invenimus, eam ob causam excendentes, aquam recentem hausimus, insuper cochleariae folia legimus, quando autem discessum parabamus, nobis illic haerendū fuit, quia AEstus recesserat. Sedulo observabamus, an *Candinas* & quinque cruces, de quibus Russi nos monuerāt nobis apparerent, sed nullas vidimus.

18. Aug. XVIII. Mane circa Solem in Apeliote existentem, ad iter expediendum, lapidem (quo anchorae loco utebamur) sustulimus, & secundum continentem remis lintrem impulimus usque ad meridiem: tum conspeximus cuneum procurrentem, cum umbra quarundam crucium, quas, propius accedentes, perfectè observare potuimus, & circa Solem in Zephyro versantem, manifestè animadvertimus continentem versus Zephyrum & Notozephyrum vergere, eam ob causam ex ijs signis manifestè agnovimus, *Candinas* cuneum seu angulum esse, ad ostium Albi maris, quod nobis superandum erat, & à nobis tantopere desideratum. Hic cuneus facile agnosci potest, cum propter 5. cruces ipsi impositas, tum quia eius duo latera conversa sunt, unum ad Notapeliotem, alterū ad Notozephyrum: cum jam vellemus inde navigare ad Occidentale latus Albi maris, in *Norvegicam* oram, comperimus vas unum aquae effluxisse, itaque in continentem egredi & recentem aquam inferre cogitabamus, sed quia undique fluctus adeo augescebant, non ausi sumus, & Anctapeliotem secundum nacti: (quem negligere non oportuit) in Dei nomine discessimus circa Solem in Arctozephyro existentem, & toto eā nocte, & sequente die vela fecimus felici progressu, ut duntaxat sesquihorā toto illo tempore remis usi fuerimus, & sequēte etiam nocte secunda fuit navigatio, sic ut postridie circa Solem in Caecia existentem continentem videremus in sinistro latere Albi maris, quod deprehendimus tamen ex maris fremitu concussi ad littus, antequam conspiceremus. Animadvertentes porrò terram esse scopulis plenam, & diversam ab ea quae in Orientali latere Albi maris est plana, arenosa, & paucis montibus praedita, certo statuimus, nos Occidentale Albi maris latus attigisse, ad Lappiae limites. Deo gratias agentes, quod tredecim [illegible] spatio, totum Album mare nos perduxisset 40. circiter milliaribus latum, cursus autem noster fuerat versus Zephyrum, flante Anctapeliote.

Et post longos errores ad Occidentalem istius Albi maris pervenimus, ubi Russicam navem reperimus cum 13. hominibus, à quibus peramicè fuimus excepti in ipsorum ædibus & cibis datis, apud quos duos Lappones cum mulieribus & liberis invenimus miserè victitantes [illegible] vestes & victus, ut praeterea nostri socij qui à nobis seiuncti fuerant, inopinato ad nos ipsos venerunt.

20. Augusti, cùm iuxta continentem pervenissemus, Aphæliotes nos deseruit, & vehementer flare cœpit Arctozephyrus, quamobrem nos parum progressuros animadvertentes, consilium iudicavimus littora post aliquot rupes concedere. Proximi autem terræ facti, aliquot cruces & signacula ipsis imposita vidimus, ex quibus intelleximus illic commodam navium stationem esse: ingressi igitur sumus. Paululum ingressi, vidimus magnam Russicam navem illic stantem, ad quam omnes statim remigravimus, praeterea aliquas ædes habitatas. Fiximus nostrum lintrem proximè Navem, & vela supra lintrem expandimus, quia iam imber cadebat. Deinde in continentem egressi, ad ædes illas concessimus, in quibus perbenignè fuimus excepti: nos enim in sua vaporaria deduxerunt, atque nostras vestes madentes exsiccarunt, & coctum piscem proponentes, nos ad edendum invitarunt. In illis ædibus 13. numero fuerunt, & singulis diebus manè, cum binis cymbis ad Piscationem proficiscebantur, quibus [illegible] præerat. Valde sobriè vivebant, piscem cum pisce edentes. Sub noctem comparantes nos ad [illegible], Nauclerum & me invitarunt, ut in suis ædiculis maneremus. Nauclerus gratias illis agens, ad lintrem rediit, ego verò apud eos illa nocte mansi. Praeter illos 13. homines, illic etiam fuerunt duo Lappones cum [illegible], & puellis, qui miserè vivebant ex reliquiis quas Russi illis dabant, nunc piscis fragmento, nunc aliquot piscis capitibus à [illegible], quæ ipsi cum magnâ gratiarum actione accipiebant, adeo ut admirationem [illegible] miseriam [illegible], licet nostri status etiam miser esset: sed, ut apparebat, ea vita illis erat quotidiana: mansimus autem illic [illegible], quia Arctozephyrus flabat, nobis adversus. 20. Aug. Lapponum paupertas.

21. Penè toto die pluit, [illegible] tamen à meridie: noster autem Nauclerus [illegible] pisces emit, quos deinde coctos manducavimus [illegible], quod iam multo tempore non erat factum, confecimus etiam pultem ex farina & aqua, quæ vescebatur panis loco, adeo ut hilares essemus. A meridie, cessante iam pluvia, in continentem ingrediebamur [illegible] ad quærenda cochleariæ folia, atque [illegible] binos viros in monte conspeximus, 21. Aug.

L mus,

mus, propterea dicebamus invicem. Vicinis his locis plures debebant esse homines, veniebant enim illi adversum, in ipsos tamen animum non adhibentes, recta ibamus ad nostrum lintrem & tuguria illa. Duo autem illi viri qui in monte, erant autem è nostris sodalibus, videntes Russicam navem, ex monte descenderunt, ad comparandum aliquem cibum, nam quemadmodum inopinatè eo venerant, nec pecunias attulerant, constituerant par braccarum exuere (ut bina aut tria paria induxerant) & illud permutare cum cibis: sed ut ex monte descenderunt & propinquiores facti sunt, viderunt nostrum lintrem apud Navem, & nos illos advenientes agnovimus: quâ ob re utrinque valde fuimus læti, & narravimus invicem nostra infortunia, nos, quòd in magno periculo, & in summâ egestate versati essemus, illi, quòd maiora adhuc perpessi essent quàm nos, Deo tamen gratias agentes, quòd nos non deseruisset, sed nobis vitam concessisset & rursus coniunxisset. Atque tempore simul cibo, & potu, qualis in Rheno apud Coloniam fluit, fruimur ut ad nos venirent, & porrò simul progrederemur.

Duo ex nostris sociis illi sunt qui lintre vehebantur, postquam [illegible] 13 dies [illegible] à nobis divulsi fuer.

22. Augusti.

XXII. Augusti, venerunt nostri socij apud nos, circa Solem in Vulturno existentem, cuius rei causa magno gaudio perfusi fuimus, & compellavimus tum Russorum coquum, ut ex farina quæ in uno sacco comprehensa erat nobis panes pinseret & coqueret, mercedem illi daturos, quod se facturum recepit. Interea voluciibus à mari piscatoribus, noster Nauclerus ab eis redemit quatuor Asellos maiores, quos coctos edimus. Nobis cibum sumentibus, Russorum Præfectus ad nos venit, atque animadvertens, nos panis penuriam pati, panem album tritici, quem nobis dedit, licet autem eos invitaremus, ut nobiscum cibum sumerent, ab illis impetrare nõ potuimus, quia eorũ ieiunium erat, & quia supra piscem coctum aliquid pinguedinis aut butyri asperseramus: imo illos nullo modo inducere potuimus, ut nobiscum biberent, quia scypho nostro aliquantulum pinguedinis inhæserat, adeo superstitiosi observatores sunt suæ religionis & ieiunij, nec volebant ullum suum scyphum nobis mutuo dare ad bibendum, ne aliqua pinguedine inquinaretur. Africozephyrus adhuc flabat.

23. Augusti.

XXIII. Cocus ex nostrâ farinâ panes confecit & coxit. Cùm autem aër inotesceret, comparavimus nos ad discessum, deditque noster Nauclerus Præfecto Russorum à piscatione redeunti, honorarium non contemnendum, propter officia nobis præstita, atque Coco suam mercedem, ijque magnas nobis egerunt gratias. Russorum autem Præfectus à nostro Nauclero petijt nonnihil pulveris tormentarij, quem obtinuit, & magnas gratias egit. Parati nunc ad discessum, ex lintre saccum farinâ plenum transtulimus in scapham, ut si forte ab invicem seiungeremur, haberent qui scaphâ vehebantur quod ederent. Sub noctem circa Solem in Zephyro existentem vela fecimus cùm plenum esset æstus flante Africapeliote, versus Africozephyrum, secundum terræ crepidinem.

24. Augusti.

XXIIII. Perseverante adhuc Africapeliote, pervenimus circa Solem in Apeliote versantem, apud 7. Insulas, ubi multos piscatores invenimus, qui petentibus de Cool & Kildwyn, demonstrabant nobis versus Occidentem, quantum intelligere potuimus, & omnem benevolentiam nobis declarantes, asellum in nostrum lintrem coniecerunt, cuius pretium, quod secundo vento ferremur, illis persolvere nequivimus, sed gratijs actis eorum comitatem admirabamur. Secundo igitur vento in hunc modum delati, circa Solem in Notozephyro existentem, easdem Insulas superavimus, & secundum terræ crepidinem piscatores quosdam invenimus, qui ad nos remis acti, interrogarunt, ubi nostra Crable (hoc est navis) esset, quod quàm commodè potuimus Russicè Crable pro pal, navem reliquisse. Illi hoc intelligentes, clamarunt Cool Brabanse Crable, ex quibus verbis intelleximus in Cool aliquas Belgicas naves esse, sed tamen his animũ non admodum adijciebamus, quia versus Waerhuysen vela facere cogitabamus, metuentes ne Russi, vel Magnus Princeps, in suis limitibus nobis negotium facesserent.

25. Augusti.

XXV. Notapeliote flante, vela facientes secundum littus, circa Meridiem Kildwyn in conspectu habuimus, ad Coruin tendentes. Vela igitur facientes inter Kildwyn & continentem, circa Solem in Africozephyro versantem, ad Occidentalem cuneum Kildwyn pervenimus. Illic diligenter circumspiciebamus an aliquas ædes, aut homines videremus, naves tantum animadvertimus in littus pertractas, apud quas commodum locum ad nostrum lintrẽ sistendum invenimus, ut intelligeremus an aliqui homines illic versarentur. Interim noster Nauclerus in continentem descendit, & observavit quædam [illegible] tuguria à Lapponibus habitata, quos interrogavit an illud Kildwyn esset, responderunt Kildwyn esse, & in Cool Brabanse Crables vel naves inveniri, quarum duæ eo die essent vela facturæ. Nos, ut constituerumus versus Waerhuysen vela facere, inde discessimus circa Solem in Africo existentem, Notapeliote flante, sed vela facientibus adeo validus & vehemens ventus ortus est, ut noctu in mari persistere non auderemus, fluctus enim adeo erant magni, ut à singulis momentis lintres absorptum iri, itaque versus continentem concessimus prope [illegible]. Eo perveniremus, tuguriolum invenimus in quo tres homines erant magno cane, à quibus amicè fuimus excepti, percunctantibus de nostro statu, & quo modo eo pervenissemus, respondimus navem nos amisisse & eo venisse ad quærendam navem quæ versus Hollandiam vela posset. Illi [illegible] quod Brabanse [illegible] esse navem quæ ante [illegible] vela factura. Tum interrogati an cum uno ex nostris per continentem Cool proficisci vellent, ad videndum an naves essent quæ nos in Hollandiam veherent, mercedem nos illis daturos, excusarunt se, non posse inde discedere, se tamen ultra montem profecturos velle, ubi quosdam Lappones invenirent, quos putarent nobiscum benè profecturos, quod etiam contigit, nam [illegible], assumpto uno ex nostris, montem cum illis transcendit, & [illegible] quosdam Lappones, quorum [illegible], ut cum uno ex nostris iret, mercede proposita duorum argenteorum [illegible] [illegible]. Lappo, assumpto sclopo, profectus est cum nostro,

Magnus benevolentia & beneficia quibus ipsi pates erga nos usi.
[illegible]

nostro, qui harpagonem habebat, eodem adhuc die, sub noctem, Apeliote & Circio flantibus.

Kildunii delineatio, atque ut ad tres Russos pervenimus in tuguriolo habitantes, & istic intelligentes nos Cola non procul abesse, ab ipsis impetravimus ut Lappones nobis demonstrarent, quorum unum mercede conduximus ut cum una ex nostris Cola proficisceretur, ad videndum an istic aliquae naves essent in Hollandiam navigaturae, atque ut Ioanes Cornely f. qui superiore anno nobiscum fuerat, istic cum sua nave haerebat, qui nobis attulit omnia necessaria, vinum, cerevisiam, panem, butyrum, saccharum & alia huiusmodi, ad nos reficiendos, atque cum ipso in Cola pervenimus. Urbs deinde & Aedes mercatorum sunt, atque quemadmodum Russi, ab uno flumine in aliud transituri, suas lintres humeris ferunt.

XXVI. Augusti amoeno & sereno aere, & Notapeliote flante, nostras lintres in continentem pertraximus, & quae inerant eduximus, aëri exponentes: nos autem ad Russos fuimus profecti ad calefaciendum, & cibos quos habebamus coquendum, & denuo bis in die cibum sumpsimus, quandoquidem animadvertebamus interdum frequentiores homines reperturos. Bibimus ex eorum potu quem ipsi *Quas* nominant, confecto ex varijs panis mucidi fragmentis: qui nobis boni saporis visus est, quia jam diu nihil praeter aquam biberamus. Nostrûm aliqui in continentem interiorem profecti, baccas caeruleas invenimus, cum Rubi idaei fructu, quas legentes edimus & non inutiles comperimus, nam manifeste sensimus à stomacace nos liberari. Notapeliotes flare perseverabat. 26. Aug.

XXVII. Turbidum fuit caelum, & magna tempestas ab Apeliote & Circio exorta, adeo ut nimis humili loco consisteremus, & cogeremur (praesertim instante pleno maris aestu) scapham cum lintre altius supra terram pertrahere. Quibus in securo situ collocatis, nos ad Russos longius profecti fuimus, ad nos calefaciendum apud ipsorum ignem, & coquendum nobis necessaria, interea misit Nauclerus nautam è nautis ad scaphas & lintres, qui ignem in loco qui istic erat fulciret, ut cum eo veniremus, ignem sine fumo haberemus. Dum verò istic unus nauta advenisset, & alter subsequeretur, intumuit adeo aqua, ut utrumque lintrem absorperet, magno periculo ut perirent, quia in lintre bini duntaxat erant viri, in scapha terni, qui summa cum difficultate & periculo à terrae crepidine lintres propellebant, ne alliderentur. Nos id conspicientes, valde anxij eramus, nec eos iuvare potera- 27. Aug.

mus, nihilominus Deo gratias agentes, ipsum nos eò perduxisse, unde amissis etiam lintribus, ulterius progredi possemus, quemadmodum apparebat. Illo die & sequente nocte, ingens fuit pluvia, magnam molestiam nobis exhibens, siquidem prorsus madebamus, nec ab ea nos præservare aut tegere poteramus: qui tamen in lintribus erant, in maiore adhuc periculo versabantur, quòd tali tempore in nudo littore permanere cogerentur.

28. Aug. XXVIII. Augusti commodo aëre, lintres in terram pertraximus, ad exinaniendum quod in illis restabat, & evitandum periculum in quo fuerant: ventus enim vehementer ab Apæliota & à Coro flabat. Lintribus in terram perductis tentoria expandimus, sub quibus lateremus, nam adhuc erant nebulæ & pluviæ, magno desiderio expectantes, nostri, qui cum Lappone profectus erat, reditum, ut intelligeremus an in *Cola* aliquæ naves essent, quibus in Hollandiam redire possemus. Interea dum illic hæreremus, singulis diebus egrediebamur in continentem, cæruleas & lideæ rubi baccas, quarum usum nobis utilem inveniebamus, collectum.

29. Aug. XXIX. Commodo etiam aëre, patienter expectabamus gratum de *Cola* nuncium, & singulis diebus, oculos intendebamus in montem circumquaque, an Lapponem cum nostro redeuntem videremus. Accidit, ut eo die iterum ad Russos concederemus nostri cibi ad eorum ignem coquendi gratia, & deinde ad nostros lintres rediremus, ut in ijs pernoctaremus. Interim conspectus est nobis Lappo ex monte descendens sine comite, quod admirati sumus, & nos sollicitos reddidit: sed, nobis vicinus, epistolam ostendit ad nostrum Nauclerum scriptam, quæ in nostrâ præsentiâ aperta, continebat eum qui illam scripserat, magnopere admiratum nostrum illuc adventum, quandoquidem nihil aliud cogitabat, quam nos iamdudum perijsse, & valde de adventu nostro lætari, se statim ad nos venturum & omnia necessaria allaturum, ad nos reficiendos. Satis mirari porrò nequibamus, quis ille esset, qui nobis tantum benivolentiæ & amicitiæ demonstrabat, nec in memoriam revocare poteramus quisnam foret, ex epistolâ tamen apparebat notum esse. Atque licet subscriptio esset *Iani Cornely f. Ryp*, non poteramus tamen suspicari eum esse *Ianum Cornely f.* qui præcedente anno, cum altera navi navigationem nobiscum instituerat, & circa Vrsorum Insulam à nobis secesserat. Hoc accepto læto nuncio, Lapponi suam mercedem dedimus, insuper aliquas vestes, ut braccas & alia, ita ut prorsus Hollandico more vestitus esset, arbitrabamur enim nos in portu esse, deinde cibo hilariter sumpto, cubitum concessimus. Non prætereundum etiam est celer reditus Lapponis, nam eundo, ut noster socius nobis retulit, faciendo iter magno gradu, duos dies & totidem noctes impenderant, antequam in *Cola* pervenirent, in reditu autem, unica die perfecit iter, quod admirati sumus, differentia enim unius diei fuit, ut inviceem diceremus, artem aliquam nosse debet. Nobis attulit perdicem, quam sclopo in itinere peremerat.

Lappo à nobis versus Cola emissus, citum nobis affert nuncium.

30. Aug. XXX. Cœlo satis commodo, dubitabamus adhuc, quisnam esset ille *Ianus Cornely f.* qui epistolam scripserat. Inter alios sermones hinc inde habitos, dictum fuit, eum esse posse qui superiore anno nobiscum navigationem instituerat, et tamen opinio non diu perstitit, quia non minus de eius vitâ desperabamus, quàm ille de nobis, arbitrati illi peiora adhuc successisse, & iam diu extinctum esse. Tandem dixit Nauclerus, perlustrabo epistolas ad me scriptas, inter quas una est ab ipso exarata, et nobis omnem dubitationem adimet. Epistolis explicatis, compertum est eundem *Ianum Cornely f.* esse: eam ob rem non minus gavisi sumus de eius salute, quàm ille de nostra esse potuit. Interea dum in isto colloquio versamur, & nonnulli adhuc sibi persuadere nequirent, illum esse nostrum *Ianum Cornely f.* advenit scapha Russica remigio acta in qua fuit *Ianus Cornely f.* cum nostro sodali qui cum Lappone missus fuerat, & in continentem egressi nobiscum ingenti lætitiâ fuerunt affecti, tanquam à morte liberatos nos utrinque videremus, quia ille nos, nos vicissim illum iamdudum extinctum existimabamus. Attulit nobis vas Rostockicâ cerevisiâ plenum, vinum, adustum vinum, panem, carnes, suillum lardum, Salmonem, saccharum & alia pleraque, quæ nos valde recrearunt & iuvarunt. Atque hilares fuimus de tam insperatâ salute & mutuâ coniunctione, Deo infinitas gratias agentes pro ipsius misericordia.

Ianus Cornely f. & nos denuo conveniemus.

31. Aug. XXXI. Eadem aëris temperie perseverante, flabat Apeliotes, sed circa vesperam, cœpit ventus à terrâ flare, eam ob causam, apparavimus nos ad abitum versus *Cola*, primùm Russis magnas gratias agentes, quod benignè nos excepissent, & honorario illos remunerantes. Nocte circa Solem in Aparctia existentem pleno æstu inde solvimus.

SEPTEMBER 1597.

1. Septemb. Prima Septembris mane circa Solem in Apeliotem versantem, ad sinistrum latus eius fluminis, quod *Cola* alluit, pervenimus, deinde vela fecimus in eo & remis lintrem impulimus donec æstus recessisset: Tum iacto lapide qui nobis anchoræ vicem præstabat in aquam, apud angulû quendâ hæsimus, donec maris esset accessus, Deinde circa Meridiem tum maris accessu vela fecimus & remis lintrem impulimus, ferè ad mediam usque noctem, tum denuo lapidea nostra anchora demissâ, hæsimus usque ad sequentis diei auroram.

2. Septemb. II. Septembris mane, remis incubuimus adverso flumine, & quasdam arbores virentes in fluminis ripâ conspicientes, lætitiâ affecti fuimus, tanquam in novum aliquem orbem delati: toto enim illo tempore quo abfueramus, nullas arbores observaveramus. Pervenientes autem circa locum ubi sal excoquitur, circiter tribus milliaribus iuxta *Colam*, illic aliquantulum hærentes, animum recepimus, deinde progressi sumus, & circa Solem in Corum aliflexum, ad *Iani Cornely f.* navem pervenimus, in quam conscendentes, semel bibimus. Illic denuo genio

indulindicium ab ijs qui lintre vehebantur, & ijs qui olim *Iani Cornelij f.* superiore anno navigationem instituerant. Deinde ulterius progressi, sub noctem in *Cola* pervenimus. Nonnulli in urbem profecti, alij in lintribus hæserunt, ad ea quæ inerant adservanda, quibus missa sunt edulia ex lacte & alijs rebus confecta, atque magnopere lætabamur, quod Deus pro sua misericordia è tantis periculis & difficultatibus liberatos eo perduxisset: nunc enim nos satis iam tuto loco esse arbitrabamur, tametsi olim apud nostros adeo incogniti fuit, ut quasi extra urbem simus æstimaretur, nunc vero arbitrabamur nos tanquam domi esse.

III. Septembris, extulimus omnia in terram, & respiravimus istic à difficultatibus itineris, fame, & ærumnis quas perpessi eramus, ad denuo sanitatem & robur adquirendum. 3. Septemb.

XI. Profecti Magni Ducis permissu, pertraximus nostrum lintrem & scapham in Mercatorum ædes, atque istic reliquimus, ad memoriam tam longæ nec unquam navigatæ viæ, quam cum apertis illis lintribus per quadringenta fere milliaria, in mari & secundum ejus litora, usque ad *Cola* confeceramus, quod eius loci incolæ satis admirari non poterant. 11. Septemb.

XV. Septembris omnes, cum bonis quæ habuimus, secundo flumine nave Russica delati sumus ad *Iani Cornelij f.* navem, quæ circiter milliare inde aberat, meridie autem cum ipsa nave vela fecimus circiter usque ad mediam viam donec angustias superassemus, ubi *Ianum Cornelij f.* cum nostro Nauclero expectavimus, qui se postridie subsequuturos dixerant. 15. Septemb.

XVII. Sub vesperam venerunt *Ianus Cornelij f.* & noster Nauclerus, & postridie circa Solem in Apeliote existentem, ex flumine *Cola* affluente, vela fecimus Deo auspice domum versus. Flumen egressi, secundum ejus longitudinem vela fecimus versus Mesonbraciam, flante Notozephyro. 17. 18. Septemb.

XIX. Circa Solem meridianum ante *Warehuysen* pervenimus, ubi anchoram demisimus, & in continentem descendimus, quia *Ianus Cornelij f.* plures merces in navem inferre volebat, atque istic hæsimus usque ad 6. Octobris, quo tempore vehementes venti flarunt ab Aparctia & Arctozephyro. Interea autem dum istic hæsimus, magis respiravimus ut à nostris morbis accersitis liberaremur, & robustiores fieremus tempore enim opus erat, qui nimis exhausti eramus. 19. Septemb.

VI. Octobris circa vesperam, Sole in Notozephyro existente, cum Deo, à *Warehuysen* solventes, vela fecimus domum versus: & quandoquidem illa navigatio iam est cognita, de eâ mentionem faciendam non duxi, nisi quod 29. Octobris in Mosam pervenimus, flante Circia, & postridie mane in Maslandt egressi, vecti sumus per Delfos, Hagam, Harlemum, & 1. Novembris circiter meridiem pervenimus Amstelrodamum, ijsdem vestibus induti, quibus in *Nova Zembla* usi eramus, pellibus albarum vulpium subsutos pileos gestantes, & *Petri Hasselaer* ædes sumus ingressi, qui unus è Gubernatoribus civitatis Amstelredamensis fuerat, ad instruendas duas illas naves, videlicet *Iani Cornelij*, & nostri Naucleri. Nos reduces plurimi sunt admirati, quia iamdudum nos extinctos iudicaverant, is rumor per urbem sparsus, pervenit etiam in Principis aulam, in quâ tum temporis Magnifici viri Cancellarius & Legatus Serenissimi Regis Daniæ, Norvegiæ, Gottorum & Vandalorum, convivio erat excepti. Propterea statim à Prætore & binis è Magistratu fuimus accersiti, & istic coram prædicto Legato & Consulibus nostram navigationem & pericula perpessa retulimus, deinde domum, qui cives eius urbis erant, se receperunt: reliqui in diversorium illis destinatum traducti, ubi per aliquot dies hærentes, accepta mercede, tandem ad suos profecti sunt. 6. Octob. 1. Novemb.

Eorum porrò qui ex ea Navigatione redierunt, hæc sunt nomina, *Iacobus Heemskerck*, Legatus & Nauclerus; *Petrus Petri f. Vulpes. Gerardus de Vera. M. Ianus Vulpes*, Chirurgus, *Iacob Iani Sterrenburgh*, *Leonardus Henrici f. Laurentius Willelmi f. Ianus Hilbrandi f. Iacob Iani f. alter*, *Petrus Cornelij f. Ianus à Buysen. Iacob Evertardi f.*

FINIS.

DISTICHON COMPLECTENS ANNVM QVO BATAVI A TERTIA NAVIGATIONE AD SEPTENTRIONEM REDIERVNT.

NaVe geLV CInCta BoreæVI In LIttore ZeIMbLæ,
NaVCLerVs bataVVs LIntre fVos repetIt.

Monendus porrò Lector, Auctorem in hoc Diario per milliare intelligere, iter quod horæ spatio ab expedito pedite confici potest, Germani superiores & inferiores myle appellant, æquans quatuor vel etiam quinque Italica milliaria.

Præterea, ut, antequam ad Diarij lectionem se comparet, primùm mendas corrigat, quæ demum post illud excusum fuerint observatæ.

Pagina igitur 1. facie a. versu 41. legendum diligentem. facie b. versu 52. Aparctia. vers. 55. navigandi. pag. 4. a. vers. 38. Arctiosephyro. vers. 15. Mesoboream. vers. 32. c. 90. vers. 51. anfractus. b. vers. 8. 53. vers. 91 53. pag. 5. a. vers. 12. proclive. pag. 6. a. vers. 45. Sesquimilliari. vers. 46. atronosque. vers. 51. gradus 45. versus 52. graduum 1 1/2. b. vers. 1. Notozephyro. vers. 17. voluntate. pag. 7. a. vers. 1. minus. vers. 52. Zephyrum ob. b. vers. 19. tertium. pag. 8. a. vers. 16. milliaria. vers. 19. & libamnos. b. vers. 36. experirent. pag. 9. a. vers. 15 longè. vers. 42. primarios. b. vers. 11. conversa veli. pag. 10. a. vers. 27. esset. b. vers. 4. glaciem. pag. 11. b. vers. 49. parte. pag. 12. a. vers. 20. truculentus. b. vers. 18. Ioannes. pag. 13. b. vers. 14. Vlieland. pag. 14. a. vers. 1. secuntum. vers. 3. pars. b. vers. 12. auxilio. pag. 15. a. vers. 19. Cornelij. pag. 16. a. vers. 3. altera. b. vers. 2. terram, sua. vers. 41. detrusam. vers. 51. natare. pag. 17. a. vers. 18. momento. pag. 18. b. vers. 16. pertibus propellit. vers. 22. egestatem vers. 44. delatum. pag. 20. b. vers. 21. cumpi. vers. 22. illi expungendum. pag. 22. a. vers. 53. exornectendæ. pag. 24. a. vers. 8. eam. vers. 20. Capricorni. b. vers. 25. intimidicem. pag. 25. b. marg. 46. latitu. pag. 26. b. vers. 1. Delineatio tertia. pag. 28. a. vers. 53. gratias. vers. 56. nos expungendū. pag. 29. a. vers. 17. discedendi. pag. 30. a. vers. 6. fore. b. vers. 21. bines. pag. 32. a. vers. 2. annonam. pag. 34. b. vers. 14. sæpe nos expungendam nos. vers. 20. quo nobis. vers. 22. augurabamur. pag. 35. b. vers. 17. nobis si. pag. 37. b. vers. 7. propterea.

Si quas adhuc observabit, pro suo arbitrio corrigat.

www.ingramcontent.com/pod-product-compliance
Lightning Source LLC
Chambersburg PA
CBHW031448270326
41930CB00007B/915
* 9 7 8 3 7 4 1 1 4 2 1 1 6 *